FACULTÉ DE DROIT DE PARIS

DE

L'OBLIGATION LITTÉRALE

EN DROIT ROMAIN

DES ÉCRITURES PRIVÉES

EN DROIT FRANÇAIS

THÈSE POUR LE DOCTORAT

PAR

MAURICE CHIPON

AVOCAT A LA COUR D'APPEL DE PARIS

PARIS

IMPRIMERIE DE E. DONNAUD

9, RUE CASSETTE, 9.

1872

FACULTÉ DE DROIT DE PARIS

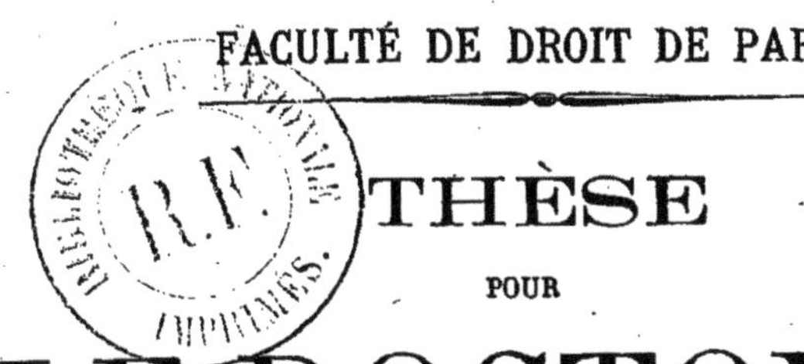

THÈSE
POUR
LE DOCTORAT

DE L'OBLIGATION LITTÉRALE
EN DROIT ROMAIN
DES ÉCRITURES PRIVÉES
EN DROIT FRANÇAIS

L'ACTE PUBLIC SUR LES MATIÈRES CI-APRÈS SERA SOUTENU
Le mercredi 28 février 1872, à 1 heure et demie

PAR
Maurice CHIPON
Né à Dôle (Jura),
Avocat à la Cour d'appel de Paris.

Président : M. GIDE, *professeur.*

Suffragants : MM. VUATRIN, LABBÉ, BEUDANT, *Professeurs.* GARSONNET, *Agrégé.*

Le candidat répondra en outre aux questions qui lui seront faites sur les autres matières de l'enseignement.

PARIS
IMPRIMERIE DE E. DONNAUD
9, RUE CASSETTE, 9.
1872

DROIT ROMAIN

DE L'ÉCRITURE SOURCE DES OBLIGATIONS

« Il ne faut point faire de chan-
» gement dans une loi sans une
» raison suffisante. » (MONTESQUIEU, *Esprit des lois*, liv. XXIV, ch, XVI.)

AVANT PROPOS.

L'origine de l'*expensilatio* est l'ancien *nexum*, forme primitive des contrats à Rome ; peu à peu le symbole matériel disparut ou, pour être plus exact, ne fut plus uniquement employé, mais les formules dérivaient toujours de lui ; ainsi dans la stipulation l'*æs* la *libra* n'existe plus, les parties supposent le pesage accompli ; l'expression elle-même nous dit, que l'institution est fille d'un symbole soit qu'on la fasse dériver avec *Festus* de *stips*, *métal*, soit qu'on dise comme Isidore de Seville : « Dicta stipulatio a » stipulâ. Veteres enim, quando sibi aliquid pro-

» mittebant, stipulam tenentes frangebant, quam » iterum jungentes, sponsiones suas agnosce» bant. » (*Liv. 4. Originum* C. 24). Cette dernière étymologie est en harmonie avec ce que nous savons des origines juridiques de tous les peuples. La terre est le premier symbole, dans la suite ou bien on y plante un rameau vert qui se desséchant devient sceptre, bâton (*lituus augural*), ou bien on la laisse couverte d'herbe bientôt transformée en paille *(stipula)*. Dans Tite-Live (I. 24) nous lisons le récit d'un traité du roi Tullus avec le peuple albain, ce dernier lui dit : « Roi, je vous demande les *sagmina*, *sagmina te, rex posco*. — *Rex ait : Puram tollito* ; et l'envoyé alla arracher du gazon de la citadelle.

Si la formule parlée fut la première à paraître, on conçoit facilement que l'éducation et l'instruction d'un peuple l'aient amené assez rapidement à employer la formule écrite. Le peuple romain parvenu à ce point créa l'*expensilatio*, fille cadette du *nexum*, qui, au début surtout, a de nombreux traits de ressemblance avec sa sœur aînée, mais dont plus tard le sort fut bien différent ; elle s'éteignit alors que la stipulation était en quelque sorte la base du système des obligations à Rome, et l'étude qui suit montrera les causes de cette fin prématurée, mais inévitable.

Expensilatio, *expensum*, tel est le nom de l'obligation littérale, le *libripens* ne préside plus à l'opération, mais si la loi autorise cette dérogation c'est que les contractants écrivent qu'ils tiennent l'argent pour pesé, c'est que cette mention se fera en termes rigoureusement définis sur un registre qu'on est dans l'obligation de tenir, et le juge voyant cette écriture prononce que la pesée a eu lieu et condamne. Ce qui fait naître l'obligation, lui donne toute sa force est ce qui écrit, comme la remise directe engendre le *mutuum*, comme la parole sacramentelle engendre la stipulation, comme le consentement engendre la vente. Aussi Gaïus nous énumérant les obligations qui naissent *ex contractu* dit en les mettant toutes sur la même ligne : « aut enim re contra- » hitur obligatio, aut verbis, *aut litteris* aut con- » sensu. » (III C. § 89.)

De ces quatre espèces d'obligations trois nous sont connues dans leurs principes essentiels et même jusque dans leurs détails les plus intimes, dans les Institutes de Justinien, aux Pandectes et au Code, des titres nombreux leur sont consacrés, de l'obligation littérale seule il n'est parlé que pour mémoire, la découverte des commentaires de Gaïus est venue jeter à peine une lueur sur cette matière ; et ce n'est qu'à force de rechercher dans les auteurs latins de la fin de la République et du commencement de l'Empire, de scruter leurs idées, d'analyser leurs allusions qu'on est arrivé après bien des hésitations à former un cadre assez juste qui renferme le contrat *litteris*, mais dans lequel il y a encore beaucoup de lacunes impossibles à combler avec les ressources dont dispose la science moderne.

Il ne faudrait pas croire que, l'*expensilatio* tombant, l'écriture n'a plus joué de rôle juridique dans le droit romain, bien au contraire, consigner sur des tablettes ce qu'on a conclu, ce dont on est convenu est d'un usage d'autant plus fréquent qu'on avance davantage dans l'histoire de Rome, nous voyons même que d'assez bonne heure il fut très-usité de constater la stipulation par un titre écrit, *cautio*, et dans de nombreux passages du Digeste et du Code nous rencontrons les expressions : *cautio*, *chirographum*, *instrumentum*, *epistola*. Mais quelqu'un de ces termes ou encore *syngrapha*, employé déjà par Cicéron, mais qui ne figure pas une seule fois au Code, est-il le nom nouveau de l'*expensilatio* ou bien indique-t-il une obligation littérale nouvelle qui serait venue prendre la place de l'ancienne? Il est incontestable et incontesté que l'ancienne *expensilatio* a disparu complétement au commencement de l'Empire ; quant à l'existence d'une obligation littérale postérieure, la question est délicate et difficile, en France on adopte l'affirmative, en Allemagne les auteurs sont fort divisés, mais leur tendance depuis un siècle est de tenir pour la négative. Ce point est capital dans la matière de l'obligation littérale et fera l'objet d'une partie spéciale de ce travail.

PREMIÈRE PARTIE

DE L'ANCIEN CONTRAT LITTÉRAL.

PREMIÈRE SECTION.

Définition du contrat littéral.

Dès les premiers temps de Rome tout citoyen prit l'habitude de tenir un compte exact de toutes ses affaires, chacun notait ses recettes, dépenses, gains, pertes et tous les rapports qui le liaient juridiquement à d'autres personnes. Un registre que nous appellerons domestique recevait toutes ces mentions, la coutume de le tenir se généralisa, elle devint une loi et donna naissance à l'expensilatio, inscription qui, faite en termes consacrés, formait le contrat littéral.

Avant d'entrer dans l'étude de cette institution, il importe de nous fixer sur le sens de certaines expressions qui reviendront fréquemment. *Pecunia extraordinaria* signifiait les sommes omises sur le livre domestique, ce seul oubli faisait naître le soupçon de crimen, de gains irréguliers et de profits honteux, tant devint universelle la coutume de tenir ses comptes. Les *Adversaria*, si l'on peut employer une expression moderne, étaient un brouillon, destiné à recevoir provisoirement tout ce qui intéressait la fortune de celui qui les tenait et chaque mois on reportait les affaires liquides et certaines sur le registre domestique (*Tabulæ, Codex accepti et expensi*). L'importance juridique des *adversaria* était nulle, Cicéron est assez explicite quand il s'écrie : « *Quam pridem hoc nomen, Fanni, in adversaria retulisti?..... Cur tandiù jacet hoc nomen in adversariis?* (pro. Rosc. com. C. 3.) en réponse à son adversaire qui basait ses prétentions sur la mention d'un tel registre (1). Il paraît presque certain que l'expression technique pour désigner autrefois le contrat littéral était *nomina facere;* Justinien nous dit : *quæ nominibus fieri dicebantur.* Si nous consultons Gaïus (III C. § 128. 131. 132), nous trouvons deux sortes de *nomina*, le *nomen arcarium* et le *nomen transcriptitium*; le point commun à ces deux *nomina* était leur présence sur le registre domestique romain, nommé *Codex accepti et expensi* ou *Tabulæ*, dont on exigeait une tenue régulière et dépositaire des inscriptions, sources du contrat littéral. La différence entre ce *Codex* et les *adversaria*, parfaitement indiquée par Cicéron consiste en ce que les *adversaria* ne sont pas obligatoires, qu'on peut y omettre sans faute toute une affaire, qu'ils ne sont que provisoires,

(1) *Quod si eamdem enim diligentiam, auctoritatemque habent adversaria quam tabulæ, quid attinet codicem instituere, conscribere, ordinem conservare, memoriæ tradere litterarum vetustatem?* (pro Rosc. com., § 2.)

et enfin qu'ils n'ont aucune autorité devant le juge, tout cela contrairement aux *Tabulæ, illæ perpetuæ existimationis fidem et religionem amplectuntur*. (Cic. loc. cit.). L'*acarium nomen*, inscription sur le *Codex* ou *Tabulæ*, se rapportait à un prêt, relatait une obligation *réelle*, et cette mention était un renseignement et en tout cas pouvait servir de preuve (Gaïus III. C. § 131. 132.). Le *nomen transcriptitium* formait la vraie obligation littérale, son inscription avait un effet obligatoire et il était de double sorte et provenait ou d'une *transcriptio a re in personam* ou d'une *transcriptio a personnâ in personam*. Toutes les insertions sur le *Codex accepti et expensi* n'étaient donc pas des obligations littérales, c'est du moins la seule opinion admise aujourd'hui, sauf toutefois par un savant allemand, M. Schuler, qui prétend que tout nomen soit arcarium soit transcriptitium formait un contrat littéral, suivant lui la source de l'*obligatio litteris* est un genre de *nomen* auquel il donne l'épithète de *factum* et l'*arcarium* n'est qu'une espèce de ce genre. Cet auteur, qui a pris à tâche de justifier complétement un passage de Théophile, sacrifie complétement un monument de beaucoup plus d'autorité en cette matière, Gaïus en effet nous dit : *arcaria nomina nullam facere obligationem, sed obligationis factæ testimonium præbere*, (III. C. § 131) et Cicéron lui-même rejette cette distinction en *nomen factum et transcriptitium* quand il écrit : de Off. III. 14 : *nomina facit* parlant de celui qui à la place du paiement crée une nouvelle obligation (contrat littéral) qui se trouve être une *transcriptio a re in personam*.

Nous pouvons donc tenir pour certain que le *nomen transcriptitium* seul avait le privilége de créer un rapport de droit nommé *litterarum obligatio*; mais la question de savoir si cet effet se produisait indépendamment de tout autre titre ou autres formalités n'a pas été résolue affirmativement sans de grandes controverses. Savigny avait traité ce sujet avant de connaître Gaïus, il a été assez heureux pour voir ses déductions complétement confirmées dans les commentaires de cet auteur et sans nous arrêter aux différentes raisons qu'il tire surtout de Cicéron (pro. Rosc. com. C. 3), constatons avec quelle satisfaction il écrit dans un appendice publié immédiatement après la découverte du manuscrit de Gaïus : « L'*expensilatio* seule est évidemment la forme » unique du contrat littéral ; Gaïus ne fait au- » cune mention de l'existence d'un titre en dehors » du registre domestique. Si ce titre présumé eût » été la *causa* du contrat, comment admettre que » Gaïus eut omis cette cause efficiente (1) », si l'on remarque que Gaïus dans le paragraphe suivant s'occupe de titres écrits en usage à Rome.

Ces quelques explications permettent de définir le contrat littéral; celui qui est formé non pas par la confection d'un titre essentiel, mais par

(1) Sav. Vermischte Schriften, tome I.

l'enregistrement sur le livre domestique, et l'acte formel qui engendre proprement et immédiatement le lien de l'obligation est l'*expensilatio* de la part du créancier (1).

On se demande naturellement quelle fût la forme de ce registre domestique et cette étude est fort utile à l'intelligence d'une institution tombée en désuétude depuis si longtemps.

DEUXIÈME SECTION.

Organisation du registre domestique.

Quelle idée doit-on se former de ce registre domestique? Ce livre qui mettait au jour les opérations de son propriétaire était, ou ce que nous appelons maintenant un livre de Caisse, ou un livre de Comptes courants. Les monuments du Droit romain qui nous sont parvenus sont muets sur cette question, mais les allusions plus ou moins directes de Cicéron sont aussi fortes que le texte le plus explicite pour dissiper tous les doutes et former une opinion parfaitement arrêtée.

Le livre de Caisse est ce registre destiné à exprimer à chaque instant l'argent qui est dans notre Caisse, il se tient en deux colonnes; sur l'une on inscrit l'argent existant ou survenant, et l'autre reçoit les sommes qu'on dépense. Les

(1) Keller Beilage über den Littéralcontrakt. — Sell's Iahrbücher, 1841.

inscriptions se font dans l'ordre où se produisent les rentrées et sorties de numéraire, et on arrive en additionnant chaque colonne et en déduisant la somme des dépenses de celle des recettes, à un chiffre qui exprime précisément la somme d'argent comptant qui est en caisse.

Le livre de Comptes courants a pour but, non plus de faire connaître l'état de la Caisse, mais d'exposer l'état de nos affaires avec chaque personne qui a des relations avec nous , à cet effet, chacune d'elle a, sur notre registre, une page spéciale divisée en deux colonnes; dans l'une on inscrit sous la dénomination *Avoir*, les sommes dont nous sommes débiteur, et dans l'autre, sous la dénomination *Doit*, celles dont nous sommes créanciers vis-à-vis d'elle : de telle sorte que la balance, à un instant quelconque, de ces deux colonnes exprime si nous sommes créancier ou débiteur, et de quelle somme. L'état de la caisse est complétement indifférent à ce registre. Ce qui augmente la dette ou diminue la créance peut être une numération d'argent, mais aussi tout autre événement.

A première vue, le Codex romain nous étant représenté comme un recueil d'obligations, il est tout naturel d'en faire un livre de comptes courants. A l'appui de cette idée nous trouvons une terminologie qui a induit beaucoup d'auteurs en erreur ; nous verrons que le nomen transcriptitium se forme, ou par la transcriptio a personâ in personam, ou par la transcriptio a re in personam, on donnait pour étymologie de ces deux expressions, que la première était le report (transcribere) d' une somme du compte d'une personne à celui d'une autre, et la seconde la transcription des articles du livre de Caisse sur le livre de comptes courants. Dans ce système les arcaria nomina n'existent que sur le livre de Caisse.

Depuis que M. Keller (1) a le premier discuté savamment cette question obscure, on a généralement admis que le livre domestique romain était un livre de caisse. Il est en effet difficile de croire que le livre de comptes courants était le registre du citoyen romain ; cette espèce de comptabilité est trop compliquée pour être usitée par tout le monde ; elle n'a d'utilité que pour ceux dont les affaires sont fort étendues et très-fréquentes, et de plus ne dispense pas du livre de Caisse, elle en a même besoin, et toutes nos données historiques rejettent l'existence de deux registres. Qu'on ne vienne pas dire que les adversaria étaient un livre de Caisse, car s'ils mentionnaient les entrées et sorties de numéraire, ils étaient surtout destinés à recevoir les affaires non liquides, et des mentions de ce registre on ne reportait mensuellement sur le Codex que les articles de sommes d'argent ; cette idée est contraire à l'essence du livre de caisse. De plus, pour qu'un livre de comptes courants soit exact,

(1) Beilage über den Littéralcontrakt. — Sell's Iahrbücher für das Ræmische Recht, tome I, 1841.

il doit renfermer toute dette active liquide. L'usage antique de Rome ne permettait pas la plus petite omission, il s'ensuit que toute obligation, ex stipulatu par exemple, devait figurer sur les Tabulæ, et nous ne verrions alors que des obligations littérales en Droit romain, où nous savons qu'elles ont tenu une fort petite place. Le nom de Codex *accepti* et *expensi* eut été une expression impropre s'il eût désigné un livre de comptes courants.

Les affaires d'un père de famille ordinairement sont toutes de telle sorte qu'elles se résolvent, si ce n'est de suite, du moins au bout d'un temps assez court ou en recettes ou en dépenses, et le livre de Caisse suffit et comme contrôle de l'encaisse et comme table des affaires en général. Supposons un cas où il n'y a, par exception, aucun mouvement de caisse, le propriétaire du livre a une créance de 100 sur Titius, et est en même temps débiteur de Lucius pour la même somme; pour simplifier l'affaire, il dit à Titius de payer Lucius, sur le registre la dette et la créance subsistent et il y a inexactitude non dans l'encaisse, mais dans les rapports d'obligations; pour y remédier on a imaginé ce moyen primitif d'inscrire le paiement et le remboursement comme s'ils eussent été réellement effectués, et ce mensonge bien innocent rétablit partout l'équilibre. On agira de même si à la suite d'un mandat ou d'une société on reste créancier du mandataire ou de l'associé, dans la colonne des recettes on portera reçu tant de X, et cette même somme dans la colonne des dépenses comme donnée à X. On voit par là combien il est facile de tout faire figurer sur le livre de Caisse, et ce mode ingénieux, loin de choquer nos idées est d'un usage quotidien et constant.

Quelle est la cause des nomina transcriptitia? Suivant Gaïus, ces nomina ont deux sources : ils proviennent, ou de la transcriptio a personâ in personam ou de la transcriptio a re in personam. Voyons ce qui se produit dans le premier cas. A, créancier de X, pour 100 sesterces veut les payer à Z, qui en devient débiteur; la nouvelle dette sera créée quand A aura inscrit sur son registre 100 H. S. *expensa* à Z. Mais les choses au lieu de se passer ainsi qu'elles sont écrites, se traduisent réellement par une autre opération. X paie à Z les 100 H. S. qu'il doit à A. A ayant porté les 100 en expensum à Z, les doit aussi porter en acceptum à X, et c'est cette double mention qui est l'idée fondamentale de toute l'opération. Comment mieux comprendre ce que dit Gaïus : « A personâ in personam transcriptio fit, veluti si id quod mihi Titius debet, tibi id expensum tulero? » (§ 130. III C.)

Pour la transcriptio a re in personam; par suite d'une vente par exemple, A est créancier de X pour une somme de 100 H. S. et cette dette doit se transformer en une litterarum obligatio, si A inscrit sur son livre 100 expensa à X, il y a une erreur puisque rien n'est sorti de la Caisse, l'exactitude sera rétablie si A porte les 100 accepta de X, il y aura paiement fictif du prix de vente et numération fictive de cette somme entre les mains de X, et cela est encore dans l'ordre des choses puisque l'opération se résume en extinction de la dette primitive et création d'une nouvelle obligation. Dans cette manière de procéder nous trouvons la véritable étymologie du mot transcriptitium. Kraut croit que cette expression vient de la transcription des adversaria sur le livre légal ; Wunderlich lui objecte à juste titre que les arcaria nomina seraient aussi des transcriptitia, car nous sommes assurés que l'arcarium figurait dans les adversaria et se reportait sur le Codex, mais il se trompe quand il dit : nomen transcriptitium, parce que l'obligation change ou de personne ou de causa debendi. L'origine de cette expression est dans la manière dont se note l'opération, la somme objet du nomen se trouve transcrite et sur la colonne des recettes et sur celle des dépenses, nous voyons là un indice certain et sensible qui distingue à première vue le nomen transcriptitium du nomen arcarium qui ne figure qu'en mention unique. N'oublions pas que nous discutons sur une coutume universelle du peuple romain, consacrée par un usage général. Aussi quand à un fait se trouvent deux explications, il faut partir de ce principe que l'intelligence populaire est bornée et qu'elle se laisse conduire par ce qui frappe les sens. Wunderlich donne une explication fort juste dans le langage juridique, mais pour y arriver il faut s'élever jusqu'à des abstractions, et le peuple vendant quelque chose comprend-il que dans son patrimoine entre alors une action venditi qui, à la suite d'une novation, devient une litterarum obligatio? Il s'imagine plutôt que par cette vente il a de l'argent chez l'acheteur, et si la cause de la dette change en droit, pour le citoyen il n'y a que paiement et dation à un autre titre. Savigny qui avait soutenu un autre système, s'est rallié à ce dernier après la publication d'un article du docteur Keller, auquel nous empruntons ces considérations.

A ce système on reproche de ne s'appuyer que sur des généralités sans se baser sur aucun texte. Les monuments de droit romain que nous avons sont complétement muets sur cette question, nous ne pouvons y puiser aucun renseignement; quant aux généralités, elles sont une preuve bien faible, mais dans le cas présent il nous suffit qu'elles établissent une vraisemblance, car dans la littérature latine nous trouvons des fragments qui corroborent cette vraisemblance au point de la rendre vérité évidente. Les passages que nous invoquons sont extraits de Cicéron et si on n'attache que peu de crédit à nos citations, nous répondons d'avance que la profession de l'auteur qui est homme de loi, que la nature de l'ouvrage qui est un plaidoyer, que la condition de celui à qui il s'adresse qui est juge devant décider du procès rendent invraisemblable toute inexactitude dans les allusions de Cicéron, et les conséquences auxquelles nous arriverons doivent être regardées comme justes et véritables.

Dans Cicéron contre Verrès (I. Ch. 36) nous lisons : « Expensa Chrysogono servo H. S. sexcenta » millia accepta pupillo Malleolo retulit. Quo- » modo ex decies H. S. sexcenta sint facta : quo- » modo D. C. eodem modo quadrarint, ut illa de » Cn. Carbonis pecunia reliqua H. S. sexcenta » facta sint, quomodo Chrysogono expensa lata » sint ; cur id nomen infimum in liturâque sit, vos » existimabitis. Tamen H. S. sexcenta millia » cum accepta retulisset, H. S. quinquagenta » millia soluta non sunt ; homines posteaquam » reus factus est, alii redditi, alii etiam nunc » retinentur, peculia omnium vicariique reti- » nentur. »

Verrès était le tuteur du jeune Malleolus dont le père, questeur de Dolabella, était mort en province, Verrès ami du défunt et légat dans la même province, prend l'héritage, le vend pour deux millions et demi et garde les esclaves pour lui. De retour à Rome, il ne rend ni fortune ni comptes, mais pressé par les parents de Malleolus d'indiquer le montant du patrimoine, il déclare un million, pour amoindrir encore cette somme il porte sur son registre six cent mille *expensa* à Chrysogon et le passage de Cicéron que nous venons de citer se rapporte à cette inscription.

Interprètes et commentateurs ont tous voulu donner une explication de ce passage ; le nombre d'opinions différentes (1) qui se sont publiées est considérable, et il appartenait au génie allemand de s'égarer dans des considérations obscures pour la plupart et dont le grand tort est de corriger, modifier le texte qui nous est parvenu. L'idée que nous développons est des plus simples et trouve sa consécration dans l'explication naturelle et qui n'a rien de forcé des expressions même de Cicéron.

Verrès était loin de Rome il avait avec lui Malleolus et toute la fortune de son pupille ; ce dernier était mineur et ne pouvait tenir de registres, ses parents étaient loin aussi et cependant il fallait régler cette liquidation de compte ; Verrès, qui tenait ses registres au courant de ses affaires, est arrivé à devoir une somme dont il est parfaitement convenu. Chrysogon, esclave de Malleolus, était un intermédiaire excellent pour régler le compte, meilleur qu'un homme libre et tel que d'après les usages romains on en prenait souvent. Le mode pour assurer le compte pouvait être ou une stipulation ou une « *litterarum obligatio.* » On choisit ce dernier moyen ; en se rappelant tout ce que nous venons de dire, il n'y a qu'une seule manière de procéder, on portera à la colonne des recettes 600,000 H. S., montant de l'avoir de

(1) Keller en résume déjà onze, toutes émises par des auteurs allemands, dont une seule peut soutenir la discussion.

Malleolus et à la colonne des dépenses 600,000 H. S. à Chrysogon, esclave de Malleolus, en liquidation de compte. N'est-ce pas ce que dit : « *expensa Chrysogono servo H. S. sexcenta millia accepta pupillo Malleolo retulit;* » il inscrivit 600,000 H. S. en « *expensum* » à Chrysogon et en *acceptum* à Malleolus. Nous n'avons pas ici à nous inquiéter de savoir si la novation par esclave était valable, ni si « l'*acceptilatio* » sur les registres du débiteur sans « *expensilatio* » du créancier constituait un contrat littéral. Verrès en effet, retenait le patrimoine de Malleolus; les parents de ce dernier connaissaient la valeur de l'héritage, sans avoir cependant des moyens positifs et probants pour le réclamer; ils étaient donc impuissants et devaient s'estimer fort heureux de voir Verrès reconnaître quelque chose. Le reste de la citation n'a aucun intérêt pour nous; ce que nous venons de voir montre bien quelle était la forme « *du nomen transcriptitium,* » et les commentateurs récents, parmi lesquels se trouvent Keller et Savigny, n'élèvent plus le moindre doute sur cette interprétation, contraire en un point à ce que dit Asconius; mais l'autorité de ce glossateur est de peu de valeur, nous aurons à relever dans la seconde partie des erreurs beaucoup plus invraisemblables que celle-ci (1).

(1) On a cru longtemps que le commentaire des Verrines était du grammairien Asconius Pedianus, qui vivait sous Néron; la raison de le lui attribuer venait de ce que Le Pogge l'avait trouvé

Un second passage de Cicéron tiré de son plaidoyer en faveur du comédien Roscius (C. 3). éclaircit encore la question. On élevait contre le client de Cicéron une prétendue *litterarum obligatio* qui ne se trouvait écrite que sur les *adversaria* sans être reportée sur le Codex, formalité essentielle pour le contrat littéral ; et voici dans quels termes s'exprime l'orateur :

« Quœro ; quam pridem hoc nomen, Fanni, in » adversaria retulisti ? — Erubescit : quid res» pondeat nescit : quid fingat extemplo non habet. » — Sunt duomenses jam, dices, tamen, in co» dicem *acceptum* et *expensum* referri debuit. — » Amplius sunt sex menses. — Cur tandiu jacet » hoc nomen in adversariis ? Quid si tandem am» plius triennium est ? » Ce passage, comme le

dans le même livre que les autres commentaires du véritable Asconius. M. Madwig (Comm. de Asconio Pediano) a démontré sans doute possible que le commentaire de Verrines ne peut être antérieur au IVe siècle. La forme de l'exposition est celle qu'affectionnaient les grammairiens de la décadence ; les mots et les expressions « *insinuare* pour *exponere*, *jurgium* pour *lis*, *deponere querelœs apud aliquem*, *homines qui sub eo militant*, rappellent trop le latin des dernières Constitutions. Chaque fois qu'il est fait mention d'une coutume du commencement de l'Empire, on trouve : *moris erat*, *fuit*, *fuerat* ; on lit *princeps*, *commentariensis cornicularius* ; à la formule du serment de Cicéron : *Ita Deos mihi propitios esse velim*, on a substitué : *Genus jurisjurandi id est, quod dicimus : Tantum mihi divinitas faveat, quantum verum est, quod dico tibi*.

On rencontre des confusions qui dénotent peu de connaissance de l'ancien droit de Rome, entre autres ces mots : *Voconius legem tulerat, ne quis census, hoc est pecuniosus, hæredem relinqueret filiam*. Comme si la loi Voconia ne s'était occupée que des filles. On désigne aujourd'hui l'auteur de ce commentaire sous le nom de Pseudo-Asconius.

précédent, a exercé la patience des critiques, qui n'ont pas voulu y chercher la clef d'une difficulté, mais la confirmation d'un système. *In codicem acceptum et expensum* est la version du manuscrit; mais, suivant ces auteurs, les copistes se seraient trompés, et on propose de lire ou *accepti et expensi*, ou *in codice*, heureux encore quand on ne soutient pas qu'il y a là interpolation. Mais en suivant notre opinion et d'après les éclaircissements qui précèdent, l'interprétation de ce texte tel qu'il est écrit dans le manuscrit est chose fort simple. Nous savons que pour tout *nomen transcriptitium* se trouvent sur le même régistre une *acceptilatio* et une *expensilatio* parallèles, et quoi de plus naturel qu'en parlant de ce nomen on mentionne l'*acceptum referre* et l'*expensum referre?* Cicéron s'occupe de la forme d'un *nomen;* sa pensée s'arrête à l'inscription aux *adversaria* et à l'inscription au codex; aussi, sa phrase est-elle incisive et renferme-t-elle de préférence les expressions qui indiquent la manière dont l'affaire s'est passée.

Mais l'argument le plus concluant est celui que nous fournit encore Cicéron (*in Verr.*, liv. II, ch. 76-77). Verrès avait eu de nombreuses relations peu honorables avec un nommé L. Carpinatius, homme d'affaires d'une société de publicains de Sicile, et cet agent plus tard se donna beaucoup de peine pour détruire les preuves qui accablaient Verrès. Dans ce but, et comme on ne pouvait supprimer les registres de la société, il changea le nom de Verrès en celui de Verrutius. Cicéron dut aller en Sicile chercher des preuves contre Verrès ; à l'examen des registres il découvrit la falsification, prit une copie authentique et la produisit à Rome dans le procès. Dans cette circonstance il expose la situation d'où nous pouvons conclure sûrement à la disposition des Tabulæ. De l'exposition de l'orateur il résulte que tous les *nomina* falsifiés se trouvaient intercalés au milieu d'autres, et il est sans aucun doute que Cicéron avait sous les yeux un livre de caisse tenu chronologiquement : le passage suivent est caractéristique :

« Cum jam in manibus tabulas haberemus,
» repente adspicimus lituras ejusmodi, quasi
» quædam vulnera tabellarum recentia. Statim
» suspicione offensi ad ea ipsa nomina oculos
» animumque transtulimus. Erant acceptæ
» pecuniæ a C. Verrutio C. F. sic tamen, ut
» usque ad alterum R. litteræ constarent inte-
» græ : reliquæ omnes essent in liturâ, alterum
» tertium, quartum, permulta erant ejusmodi
» nomina.

» Rem ad Metellum defero, me tabulas per-
» pexisse sociorum ; in his tabulis magnam ratio-
» nem C. Verrutii permultis nominibus esse, me-
» que hoc perspicere ex consulum mensiumque
» ratione, neque ante adventum C. Verris neque
» post decessionem quidquam cum Carpinatio
» rationis habuisse.

» Ego instare, ut mihi responderet cur servus » societatis, qui tabulas confecerit, semper in » Verrutii nomine certo ex loco mendosus » esset.

» Tabulas in foro exscribo : litteræ lituræ- » que omnes assimulatæ, expressæ de tabulis » in libros transferuntur. »

La seule idée inspirée par ce passage est que Cicéron parle d'un livre où les *nomina* au nom de Verrutius sont intercalés avec d'autres et tel ne peut être l'aspect d'un compte courant ; si un tel registre eut existé, comment Cicéron qui présentait un état complet des rapports d'argent entre Carpinatius et Verrès. ne l'eut-il pas produit? Il avait fait des recherches minutieuses, et il eut omis un livre de comptes-courants, pièce qui aurait fourni le plus d'indices contre Verrès? Et cette circonstance est pour nous d'autant plus digne de remarque, que nous nous trouvons en face d'une tenue de livre de société dont les comptes doivent être tenus avec le plus de justesse et de régularité, et Cicéron n'aurait pas manqué de relever la plus légère inexactitude.

Ces trois textes de Cicéron, tirés de trois discours différents et appuyant la vraisemblance des considérations générales, nous amènent aussi sûrement que si elle était écrite dans un texte de loi précis, à cette conclusion que le Codex *accepti et expensi* des Romains était un livre de Caisse.

Le langage usuel paraît avoir appelé différemment la numération comptant inscrite sur le registre et la numération fictive. Pour la première, on aurait dit *ferre*, et pour la seconde *referre*; c'est une différence que rend évidente cette phrase de Cicéron (In Verr. I. 39) : « Quod » minus Dolabella Verri acceptum retulit, quam » Verres illi expensum tulerit, H. S. quingenta » trigenta quinque millia; et quod plus fecit » Dolabella Verrem accepisse, quam iste in suis » tabulis habuit H S ducenta trigenta duo mil» lia, et quod plus frumenti fecit accepisse » istum H. S. deciens et octoginta millia. »

Remarquons encore que l'expression *nomen facere* est fort générale; dans la suite sa signification s'est encore étendue. Les jurisconsultes des Pandectes l'emploient fréquemment et affectionnent de le dire du créancier plutôt que du débiteur.

L'expensilatio n'était pas toujours une obligation littérale (1), les arcaria nomina étaient aussi un expensum ferre, aussi ne faut-il pas nous étonner de rencontrer quelquefois l'expensilatio comme simple preuve de numération.

Quant à la forme de l'inscription, source de l'obligation littérale; nous ne savons rien de positif, la tradition romaine, les formules d'actions et l'esprit de la législation sous laquelle le contrat litteris était en vigueur nous donnent la cer-

(1) Heimbach. Salpius.

titude qu'elle devait être faite en termes sacramentels, mais quels étaient-ils, c'est ce qu'il est impossible de déterminer avec les sources dont nous disposons.

TROISIÈME SECTION.

Emploi de l'obligation littérale.

Le contrat littéral était unilatéral, stricti juris, et sanctionné par la condictio certi; il a avec la stipulation des différences essentielles. A la stipulation, acte générateur d'obligations, s'opposait un autre acte qui éteignait l'obligation, l'acceptilatio; le contrat littéral résumait ces deux effets dans une même forme, il était à la fois et acceptilatio et expensilatio.

La stipulation ne pouvait se former qu'entre personnes présentes, le contrat littéral au contraire naissait entre absents. M. Schüler est le seul à contester cette différence; il prétend (1) que la présence des parties est indispensable, sauf toutefois le cas de transcriptitio a personâ in personam où le débiteur cédé et le délégataire peuvent être absents; suivant lui, c'est de cette hypothèse seulement que s'occuperait Gaïus. Mais cette opinion est inadmissible; absenti expensum ferri potest, et si verbis obligatio cum absente contrahi non possit. (§ 138. III. C.)

(1) Schüler. Die litt. oblig. desalt. ræm. Rechts., pages 66, 80.

La stipulation pouvait avoir pour objet toute chose se trouvant dans le commerce; l'obligation litteris ne pouvait porter que sur des sommes d'argent.

Quand on s'obligeait verbis il fallait employer des paroles sacramentelles dans la demande et dans la réponse : Spondes-ne? Spondeo. Créancier et débiteur concouraient à la formation complète de la formule d'où naissait le rapport de droit ; le contrat littéral présente à ce point de vue une anomalie. On a disputé longtemps sur le point de savoir sur quel registre devait se trouver l'inscription; certains auteurs la voulaient concordante et sur celui du créancier et sur celui du débiteur ; mais, à la simple lecture de Gaïus, il est hors de doute que l'expensilatio sur le registre du créancier avait à l'exclusion de toute autre l'effet de produire le contrat littéral; elle en était la *causa civilis*. Cette expression d'expensilatio en est un indice que la littérature venait confirmer, mais la preuve la plus directe gît dans ces phrases de Gaïus : id expensum tibi tulero. § 129; — tibi id expensum tulero, id est, si Titius te delegaverit mihi. § 130; — et enfin, textes les plus décisifs : in nominibus alius expensum ferendo obligat, alius obligetur. § 137, et le § 138, où absenti expensum ferre est opposé à l'obligation verbis. Si les deux parties, se conformant à la loi, tiennent exactement leurs livres, l'opération figurera sur les deux registres; il pouvait même arriver, et c'est précisément la narration d'un fait de ce genre qui a donné lieu aux divergences sur ce point, que le débiteur et le créancier étant présents inscrivissent l'affaire en même temps. Il ne faudrait pas conclure de là que le créancier était maître de la situation; le débiteur devait donner son *jussus*, peu importe la forme, de vive voix, per epistolam aut per interuntium ; le créancier pouvait, suivant son bon plaisir, relater ou non ce consentement, même copier à la suite de l'inscription la lettre qui le contenait ; on comprend de quelle importance il était d'en conserver une preuve, et que par suite le créancier ait tenu à ce que le débiteur en fît mention de son côté.

Le contrat littéral est formé par une transcriptio soit a re in personam, soit a personâ in personam; ce sont les deux uniques sources que nous en donnent Gaïus et Théophile et dont nous trouvions trace dans la littérature latine. Il s'élève alors une grave question, celle de savoir si une obligation préexistante était nécessaire, ou si on pouvait ainsi former une obligation primordiale; en d'autres termes, le contrat littéral avait-il pour objet, comme la stipulation, soit la formation, soit la transformation des obligations, ou bien son effet se restreignait-il à changer en une autre une obligation préexitante? Gaïus et Théophile ne parlent jamais que du contrat littéral opérant novation; un passage de Cicéron (ad Attic, IV, ep. 18) mentionnerait une obligation naissant nominibus; mais on discute sur la traduction et on prouve qu'il s'agit, non d'un registre, mais d'un titre constatant une obligation. Valère-Maxime nous présente un cas de donation faite par contrat littéral; l'acte a été annulé, mais il n'en dit pas la cause : tels sont les renseignements auxquels nous pouvons puiser pour résoudre la question sans contredit la plus importante d'une institution : A quoi servait-elle?

Les auteurs qui se sont laissé guider par Théophile et les exemples de Gaïus se sont arrêtés à l'opinion que les nomina transcriptitia n'auraient jamais fait qu'opérer novation. Savigny, avant la découverte de Gaïus et même après, soutient que le contrat littéral a dû servir comme la stipulation à toute fonction légale comme solvere, credere, donare. Il croit à deux cas dans lesquels il y aurait eu contrat littéral sans novation. D'abord pour une intercession à venir, et voici l'hypothèse qu'il en donne. Un Romain veut bâtir une maison à Naples et s'adresse à un entrepreneur ou un mandataire napolitain; il peut lui envoyer 1,000 francs en argent comptant pour payer au fur et à mesure les dépenses de construction, sauf à régler le compte ensuite. Mais au lieu de cet envoi direct, le Romain pouvait écrire une expensilatio de 1,000, ce qui le constituait immédiatement débiteur, et en face se trouvait l'acceptilatio faite d'une manière analogue. Savigny ajoute qu'on pourrait avoir dans cette opération la novation d'une actio mandati contraria à venir, si l'expensilatio admettait une condition: *subconditione* cognitor non recte datur, non magisquam mancipatur aut *acceptum sul expensum fertur*. (§ 329. Frag. Vat.)

Ceci est confirmé par un passage de Cicéron (ad Attic. lib. 4. epist. 18). Le second cas présenté par Savigny, est celui d'une donation, pourvu, dit-il, qu'une formalité correspondante à l'expensilatio fasse acceptilatio pour pareille somme. Voici la raison de cette idée : Valère-Maxime (VIII. 2. § 2) raconte que C. Visellius Varro vivait avec Otacilia, femme libre. Dangereusement malade, il voulut laisser à cette femme une somme de 300,000 sesterces sous forme de donation à cause de mort, et dans ce but inscrivit contre lui sur le registre d'Otacilia une expensilatio de 300,000 pour qu'elle les réclamât à ses héritiers. Mais il guérit ; Otacilia intente une action en vertu du nomen ; Aquilius était juge, et après avoir pris conseil des Romains les plus considérables, il ne condamna pas le défendeur. La narration s'arrête là. L'affaire est présentée comme douteuse ; ce qui faisait doute n'était assurément pas la validité d'une donation par expensilatio : tous les Romains savaient parfaitement à quoi s'en tenir, et l'absolution peut avoir eu pour cause, soit l'oubli d'une formalité, soit une exception de dol fondée sur la turpis causâ, soit l'exception de la loi Cincia (1). Cette doctrine est la plus généralement adoptée par

(1) Savigny.— Vermischte Schriften. — Litt. cont. III, 7 et 8.

les romanistes français (1), et je la crois aussi la mieux fondée. Savigny explique parfaitement le silence de Gaïus en disant que la création d'une obligation par contrat littéral était de tous les modes celui qui donnait lieu aux plus grandes et aux plus nombreuses difficultés; que par conséquent son emploi dans ce but était fort rare et qu'il n'a eu d'utilité et rendu des services que dans sa forme la plus simple, la novation. Un auteur Allemand, qui se fait le critique de toute doctrine, M. Salpius adopte cette opinion, avec cette restriction toutefois que le contrat littéral n'a jamais pu opérer novation, car la novation ne se fait, tous les textes le disent, que par stipulation et litis contestatio; l'effet produit par le contrat littéral est une délégation (2). Quant à ne trouver aucune mention de novation per expensilationem, il n'y a rien qui doive nous étonner, puisque les fragments des Pandectes sont en grande partie d'auteurs postérieurs au contrat littéral; et les jurisconsultes contemporains en eussent-ils parlé, il est tout naturel que les compilateurs de Justinien aient retranché ces passages, qui avaient trait à une institution tombée en désuétude et oubliée depuis longtemps. Ne voyons-nous pas, loi 1 § 1 au Digeste, de Oblig. et act. (44. 7), un texte de Gaïus où le mot litteris est omis, et sans qu'on puisse en douter?

(1) Labbé à son cours. Demangeat, II, page 290. — Ortolan, III nº 1423.

(2) Salpius. Novat. et délég. des ræm. Rechts, page 90.

La transcriptitio a personâ in personam offre un certain intérêt au point de vue de la délégation. L'opération suppose au moins trois personnes, et différents exemples d'une telle affaire conclue par contrat littéral nous en montreront tout le mécanisme. Prenons la plus simple hypothèse.

I. Titius est débiteur de Sextus pour une somme de 1000 HS. et créancier de Sempronius pour la même somme : il y a là deux obligations ; mais Titius, au lieu de payer Sextus, lui délègue Sempronius. Voici ce qui arrivera :

1° Titius porte 1000 à *l'expensum* de Sextus, qui porte la même somme à *l'acceptum* de Titius. L'obligation se trouve ainsi éteinte entre eux deux.

2° Sempronius porte 1000 à *l'expensum* de Titius, qui porte la même somme à *l'acceptum* de Sempronius. Leur obligation est aussi éteinte.

3° Sextus porte 1000 à *l'expensum* de Sempronius, qui porte la même somme à *l'acceptum* de Sextus ; mais ici se forme un nouveau nomen qui lie Sextus et Sempronius.

Cette délégation n'a modifié en rien l'état de caisse d'aucun des intéressés ; l'exactitude des registres n'est nullement altérée, et Sextus, le créancier, a porté une somme en expensum puis l'a inscrite en acceptum, il a fait un *nomen transcriptitium*. Ce qui précède nous a servi à montrer l'opération en détail, et c'est aussi ce que dit Gaïus : si id quod mihi Titius debet, tibi id expensum tulero, id est si *Titius te delegaverit mihi*, (III, C. § 130.)

II. Modifions l'hypothèse. Titius est toujours débiteur de Sextus, mais sans être créancier de Sempronius; il veut pourtant le déléguer à Titius pour profiter d'un crédit de 1000 qu'il lui ouvre; il le peut et les inscriptions se feront comme dans le cas précédent, avec cette différence qu'il y aura deux obligations formées. L'exemple de Gaïus est parfaitement applicable ici.

III. Ce troisième cas est celui dont Savigny parle et auquel nous avons fait allusion plus haut dans l'intercession avenir. Entre nos trois personnes il n'y a ni dette ni créance, elles sont libres l'une vis-à-vis de l'autre de tout lien juridique; mais Titius demande à Sextus de lui ouvrir un crédit, ce dernier, soit qu'il ne connaisse pas Titius, soit qu'il le croie peu solvable, refuse, se déclarant prêt toutefois à créditer Sempronius. Titius alors, d'accord avec Sempronius le délégue à Sextus et lui ouvre un crédit pour le couvrir. L'affaire présente identiquement les mêmes apparences que dans les deux cas precédents, mais les inscriptions sont faites à credendi causa : il n'y a eu aucun déplacement d'argent, le registre ne relate que des numérations fictives, et en effet, ce qu'a Titius, c'est un crédit sur Sextus, dont il peut disposer à son gré.

Ces trois opérations peuvent avoir lieu chaque fois qu'il s'agit d'une somme d'argent, et il pouvait arriver qu'avant la transcriptio a persona in personam il y ait eu lieu de faire une « transcriptio a re in personam, » témoin le cas où Titius aurait été débiteur d'un prix de vente.

Si nous remarquons ces formes de délégation produites par le contrat littéral, nous nous convaincrons que la stipulation était beaucoup plus simple, beaucoup plus facile pour arriver au même résultat; mais notre institution offre un avantage précieux, celui de s'employer à distance, et rapprochant cette considération de notre troisième hypothèse, nous voyons que le contrat littéral était éminemment propre à négocier des crédits d'un lieu à un autre et partant, à rendre au commerce romain les mêmes services que dans notre époque la lettre de change. Le contrat de change tel qu'il existe chez nous était inconnu à Rome, mais nous trouvons que Cicéron (ad. Attic. XII, 24) s'informe si son fils qui va étudier à Athènes, ne trouverait pas quelqu'un dans cette ville qui lui comptât la somme dont il aurait besoin (1). Cicéron ne nous dit pas le procédé qu'il a employé, mais le contrat littéral aurait pu parfaitement lui servir et cette opération rentrant dans les attributions des banquiers, il est tout naturel que les *argentarii* par l'intermédiaire desquels le Romain avait l'habitude de régler ses affaires d'argent, aient conservé la tenue de livres par « Codex accepti et expensi » et le contrat littéral, alors même que tout cela était su-

(1) Pothier. *Contrat de change*, n° 61.

ranné dans la pratique de la vie privée du citoyen. Que ce rôle d'intermédiaire ait été joué par l'argentarius, le bon sens l'indique, les particuliers pouvaient aussi le jouer, et deux passages de Senèque nous donnent l'expression technique qui désignait ces personnes interposées; on les nommait *pararius*.... « adhibentur ex utraque parte testes; ille *per tabulas* plurium *nomina* interpositis *parariis facit*;... (de beneficiis. III. C. 15). — Quidam nolunt nomina secum fieri, nec *interponi pararios* (ib. II — C. 13). Si nous voulons voir comment se faisait cette interpositio, il faut se reporter aux Verrines (II, C. 70), où Cicéron mentionne les relations entre Carpinatius et Verrès et dont nous avons déjà eu à nous occuper... nam, quas pecunias iis ferebat expensas quibuscum contrahebat, aut scribæ istius, aut Timarchidi, aut etiam ipsi referebat acceptas.

Le contrat littéral opérant délégation pouvait encore être employé dans deux autres buts ou pour empêcher de se produire les exceptions de l'affaire primitive, ou aussi pour éviter le grand jour à une affaire, négociation ou entreprise, scandaleuse, honteuse ou illicite; et, chose remarquable, on arrive au même résultat aujourd'hui par notre contrat de change. Une lettre de Cicéron à Atticus (Ad att. IV. ep. 18) nous en fournit un exemple.

Nous avons incidemment affirmé sous la foi du § 329 des Frag. du Vati. que le contrat littéral n'admettait pas la modalité de la condition, et nous devons décider de même pour le terme, quoique aucun auteur ne nous le dise; quant aux intérêts il est absolument certain que l'expensilatio ne les faisait pas courir; la loi, d'une part, ne les a jamais fait courir de plein droit, la condictio certi qui sanctionnait l'obligation se refusait à comprendre quelque chose qui vînt s'ajouter à l'obligation et enfin le cours des intérêts « était impossible, comme le dit très-justement M. Dietz (Thèse de doctorat) à raison de la nature même du contrat litteris, qui ne pouvait s'appliquer qu'à une dette échue et exigible de somme d'argent. »

Pour terminer ce chapitre, il reste encore à donner la solution de deux questions fort délicates, sur lesquelles les renseignements manquent presque totalement et où nous serons obligé de laisser une grande part aux conjectures et à la vraisemblance. La première peut se formuler ainsi : Les nomina pouvaient-ils figurer sur les codices de personnes qui n'y étaient pas intéressées? Généralement les interprètes du droit croient pouvoir répondre affirmativement; ils se fondent sur plusieurs passages où il est parlé de plurium ou multorum tabulis; ils tirent une preuve de ce génitif pluriel de possession, sans chercher à savoir si ces plures ou multi avaient ou non un intérêt dans l'affaire. Les deux citations ci-dessus de Senèque, la lettre 18 de Cicéron à Atticus aussi rapportée, Cicéron encore (in Verr. II. c. 7) sont des exemples de cette expression. Les passages de Senèque ne prouvent ni dans un sens ni dans l'autre; le contexte ne donne aucune explication sur la signification de plurium. La lettre de Cicéron à Atticus est bien différente; elle dit : « Consules flagrant infamià, » quod C. Memmius candidatus pactionem in se- » natu recitavit, quam ipse et suus competitor » Domitius cum consulibus fecissent, uti am- » bo HS quadragena consulibus darent, si es- » sent ipsi consules facti, nisi............... Hæc » pactio non verbis, sed nominibus et perscrip- » tionibus, multorum tabulis cum esse facta di- » ceretur, prolata a Memmio est nominibus » inductis auctore Pompeio. » Deux candidats au consulat, Memmius et Domitius promettent aux consuls actuels une somme pour se faire élire; l'argent fut mis à la disposition des consuls par une opération comme celle que nous avons décrite dans notre 3e hypothèse, sans que les registres ni de Memmius ni des pararii relatassent les clauses scandaleuses de ce contrat de corruption. Les deux candidats échouent mais par une pactio écrite ils s'étaient assurés de rentrer dans leurs avances et c'est cette pactio que Memmius in senatu recitavit : on n'a produit aucun registre; sans cela l'assertion de Memmius multorum tabulis esse facta diceretur ne pourrait s'expliquer, et ce multorum indique à lui seul et l'interposition de personnes et la manière dont s'est traitée l'affaire. On invoque encore le commencement du dernier discours pr. Rosc. com. C. 1 « Solent fere dicere, qui pe

» tabulas *homines*... citi pecuniam expensam » tulerunt. Egone talem virum corrumpere po- » tui, ut mea causa falsum in codicem refer- » ret? » Pour traduire ce passage conformément aux idées de la plupart des auteurs, ces derniers ont eu recours à un artifice; ils ont cru à une faute de copiste et à *homines*, version du manuscrit, ils substituent *hominis*.

D'après ce que nous avons établi sur la forme des registres domestiques et d'après l'idée juste que nous nous en sommes formée, nous ne pouvons admettre ni comprendre comment un livre de caisse contiendrait des articles, assertions ou mentions complétement étrangers à la fortune de celui qui le tient, et incapables de faire le moindre mouvement d'argent. Les mêmes personnes qui nous reprochent d'inscrire sur un registre des sommes qui figurent en numération fictive, veulent y introduire des mentions qui rapportent un fait ni réel ni fictif.

La seconde question à une importance plus grande, elle est essentiellement juridique et suivant la solution établit ou une différence ou un point de contact avec la stipulation. La solidarité a-t-elle pu être créée par les nomina transcriptitia? Deux extraits du jurisconsulte Paul, qui sont au Digeste, la loi 9 pr. de pactis (2,14) et la loi 34 pr. de receptis (4,8) donnent lieu à discussion. Dans la loi 9, une conjonction copulative réunit plures rei stipulandi à plures argentarii, quorum nomina simul facta sunt, et la loi 34 décidant sur duo rei aut credendi aut debendi, applique la même solution a duobus argentariis, quorum nomina simul erunt. M. Demangeat (1), constate l'analogie entre la stipulation et l'expensilatio, la voit confirmée dans ces deux textes, et l'admet pour la corréalité sans discussion. M. de Savigny (2) voit dans ces argentarii des correi en vertu de l'expensilatio. Mais à ces textes on oppose la loi 27 pr. de pactis (2,14) qui s'occupant de unus ex argentariis sociis applique sa décision à duobus reis stipulandi. La société des argentarii est réglée comme le rapport entre duo rei stipulandi et dans cette dernière loi cette societas est indépendante du contrat litteris; si nous remarquons en outre que la loi 27 est du même Paul que les deux autres, nous acquérons la certitude que les correi debendi aut credendi et les argentarii socii étaient régis par les mêmes lois; et si, étant la même chose, le jurisconsulte ne leur donne jamais le même nom, il faut que dans la constitution de solidarité il y ait une différence. Dans l'interprétation que nous proposons les deux lois citées en premier lieu s'expliquent parfaitement : les argentarii étaient liés entre eux par un contrat de société et ils ne tenaient qu'un seul registre et quorum nomina *simul* facta sunt, ou eunt se traduit grammaticalement par les argentarii qui font leurs nomina ensemble,

(1) II, page 259.
(2) Obligationenrecht. I, page 172.

c'est-à-dire n'ont qu'une comptabilité. Ce rapport analogue à la solidarité a sa source dans un contrat autre que le contrat litteris et ce que nous savons (2) des habitudes des banquiers romains nous montre les argentarii s'associant la plupart du temps pour faire leurs opérations. Cicéron nous donne deux exemples de ces sociétés qui ne tenaient qu'un seul codex pour tous les associés dans le passage où il parle des rapports de Verrès avec une société représentée par Carpinatius et in Verrem I. C. 39. Si c'est l'analogie avec la stipulation qui amène à décider que la solidarité s'établit par contrat littéral, il faut admettre que les obligations accessoires de la fidepromissio, fidejussio ont été créées aussi par nomina transcriptitia, et personne n'est allé jusqu'à cette conséquence très-logique. L'impossibilité de plusieurs correi per litterarum obligationem résulte de la nature et de la forme des Tabulæ ; pour chaque créancier ou débiteur tenu in solidum il faut faire un acceptum ou un expensum de toute la somme, cette pluralité d'inscriptions donne lieu à une pluralité d'obligations, première inexactitude, puisqu'il n'y a qu'une seule obligation, et à une pluralité de transcriptiones, seconde erreur, puisqu'il n'y a eu qu'une seule numération fictive et enfin falsifie l'état de la caisse puisque le nombre des acceptum et des expensum n'est pas

(2) Situation élucidée par M. Dietz dans sa thèse de doctorat.

égal. Aussi, sommes-nous persuadé que plusieurs citoyens associés pourraient faire un contrat littéral, mais que par l'obligation litteris on n'a jamais pu faire naître la solidarité ni entre créanciers ni entre débiteurs.

Quant aux personnes qui pourraient contracter *litteris*, il faut faire une distinction : la *transcriptio a personâ in personam* était réservée exclusivement aux citoyens romains, mais les deux écoles des Sabiniens et des Proculiens n'étaient pas d'accord pour la *transcriptio a re in personam*; les premiers permettaient aux Pérégrins de s'obliger sous cette forme, et les seconds ne l'admettaient en aucun cas; Gaïus, qui nous rapporte cette divergence d'opinions (§ 133, III C.) ne nous en dit pas les motifs.

La législation romaine n'était pas immuable ; elle a subi des modifications pour arriver au droit de Justinien, et la méthode mise en pratique a fait prendre un nouvel essor au contrat verbal et a tué le contrat littéral. Plus Rome grandissait, plus ses relations s'étendaient, plus aussi se faisait sentir le besoin de relâcher un peu de ces solennités, de ces formalités qui encadraient le droit; la stipulation se prêtait parfaitement à ces progrès successifs, elle répondait à tous les besoins et pouvait se plier à toutes les exigences, aussi voyons-nous à toutes les époques du droit les jurisconsultes lui faire la plus large part : L'obligation littérale, au contraire, n'était susceptible d'aucun changement et de bonne heure on l'a abandonnée. Elle conserva quelque temps encore une utilité pour les *argentarii* et ce n'est que par eux qu'elle a vécu jusqu'à Paul et Ulpien, et les textes, fort rares du reste, qui la mentionnent au Digeste, ne mettent jamais que des *argentarii* en cause. Si nous en croyions le Pseudo-Ascanius dans son Commentaire des Verrines, la raison de la disparition de l'*expensilatio* serait dans la loi qui rendait complice du crime de lèse-majesté quiconque était convaincu d'avoir été en relations avec l'auteur principal; alors, pour éviter de fournir des preuves contre soi, on ne tint plus de registres. Cette raison peut être très-bonne, et nous la révoquons d'autant moins qu'elle explique un fait se passant sous les sanguinaires despotes qui avaient nom Néron, Domitien, Caligula; mais elle ne suffit pas, et le coup décisif fut porté au contrat littéral *per expensilationem* le jour où le prêteur sanctionna de son autorité et promit dans son édit de ratifier le pacte de constitutum. Du moment où une simple lettre pouvait former entre absents un contrat muni d'action, où au moyen d'une *sponsio* plus élevée on ne restait plus dans les limites étroites et dangereuses de la *condictio certi* (Gaïus IV, C., § 171), le *nomen transcriptitium* est devenu un surrogat qui tombait de lui-même. Ces deux institutions ont vécu ensemble pendant un certain temps et à la fin l'une a dû absorber l'autre. Gaïus, dans ses Commentaires, nous parle de toutes deux et clôt ainsi une discussion soulevée par certains auteurs qui voyaient dans les *pecuniæ constitutæ* une innovation bien postérieure (1).

(1) Savigny. *Vermischte Schriften*. Tome 1, page 88.

SECONDE PARTIE

DES SYNGRAPHÆ ET DES CHIROGRAPHA

PREMIÈRE SECTION.

Des titres écrits à Rome.

Les actes écrits ont de bonne heure pris une grande place dans le droit romain, et la disparition de l'obligation littérale telle que nous venons de l'étudier n'a eu aucune influence sur le développement des écritures dans la vie pratique et la jurisprudence. Nous trouvons dans la littérature latine et dans les fragments qui nous sont parvenus des jurisconsultes plusieurs expressions qui servent à désigner ces actes écrits. Avant d'entrer dans la question fondamentale de cette seconde partie; à savoir, si à l'obligation littérale par *expensilatio* a succédé et existé à l'époque de Justinien une nouvelle et différente espèce de contrat litteris, nous devons nous fixer sur le sens des mots : *Cautio, chirographum, epistola, instrumenta, documenta, tabulæ, obligatio.*

I. *Cautio.* — Cette expression a une signification fort étendue; elle a été de préférence employée pour désigner le titre que les Romains prirent l'habitude de rédiger pour constater la stipulation, mais son acception ne se restreint pas à cela et son sens technique est tout billet de reconnaissance de dette; c'est ainsi que Sénèque peut dire : « prolatis *cautionibus* controversiam tollere (De benef. III, C. 7). Il arrive rarement que la nature exacte du billet soit indiquée, cependant nous lisons : cautio depositionis, cautio creditæ pecuniæ. Justinien a écrit plusieurs fois cautiones fœneraticiæ. Mais ce que nous trouvons le plus souvent sont les mentions : cautiones debitorum, cautiones hæreditariæ, cautiones intercipere, reddere, legare, pignori dare, qui excluent toute idée de restriction à un titre spécial. Ce qui prouve encore mieux la généralité de cette expression est que nous la voyons synonyme de chirographum : Qui tabulas vel *cautiones* amovet, furti tenetur, dit la l. 27, pr. D. 47, 2, et le § 1 de cette même loi poursuit l'idée de vol d'un titre en parlant d'un chirographum : ut alio *chirographo* salvo securior sit creditor. Et dans tout le titre *si cert. pet.* du Code Théodosien, cautio et chirographum sont employés alternativement. On la confond aussi avec epistola, elle emprunte la forme de lettre : Titius Seio *epistolam* emisit in hæc verba.... queritur an Titius ex *hac cautione* reus successerit. (L. 24, D. 13, 5); — Epistola quâ quis cohœredem.. .

esse cavit. (L. 47, § 1, D. 2, 14). La *cautio* n'était donc pas astreinte à une formule consacrée et elle embrassait tout écrit qui reconnaissait un rapport de créancier à débiteur entre plusieurs personnes.

II. — *Chirographum.* A l'époque de Cicéron, ce mot était déjà passé dans la langue latine, mais non avec le sens qu'on lui a donné depuis. Sa signification primitive est celle que donne son étymologie grecque : manuscrit, autographe ; c'est ainsi qu'on lit : Neque *chirographo*, neque signomeo utar. (Cic. ad Att. II 20). — Imitari chirographum alicujus (Suétone. Aug. 64). Dans les Pandectes on trouve encore chirographum dans ce sens : Testes proprio *chirographo* adnotare convenit (l 30. D. 28, 1). Mais ce n'est qu'au commencement de l'empire que l'on attribue à chirographum son acception technique de billet de reconnaissance de dette. Il ne s'appliquait pas, comme on le croit trop communément, à une espèce spéciale de billets ; il les embrassait tous sans exception ; nous le voyons employer pour le titre d'un contrat de gage, pour le titre d'un prêt (l. 30 § 1. D. 44, 2 et l. 26 § 1. D. 20 1) ; le plus souvent il est écrit sans désignation spéciale et se rapporte à toute espèce d'affaires. Il est synonyme de cautio, nous l'avons montré dans le paragraphe précédent ; il a même un sens plus étendu, car dans la loi 52. Dig. act. empt: (19, 1) il est quittance : chirographa tributorum retro solutorum, synonyme encore d'autres expressions très-générales, telles que epistolæ, litteræ. Pour déterminer et restreindre cette signification générale du chirographum, des auteurs ont voulu diviser les écrits romains en deux classes, l'une comprenant les titres adjoints à une stipulation, et l'autre les titres dressés en dehors de toute stipulation, réservant à ces derniers le nom de chirographum. Mais cette opinion est erronée; outre que jamais dans les sources du Droit nous ne trouvons pareille distinction, il est des passages où notre mot a justement le sens qu'on lui dénie (l. 10. D. 34, 9) et la traduction grecque des Basiliques n'a pas trouvé autre chose pour rendre titre adjoint à la stipulation que χειρόγραφον, χειρογραφεῖν ; Et suivant Spangenberg ce fut au 2e siècle la première dérivation à sa signification première.

Le Pseudo-Asconius, dans son Commentaire des Verrines, a établi la différence entre chirographum et syngrapha ; nous y reviendrons en parlant de ce dernier écrit et nous examinerons la justesse de ces définitions.

Nous conclurons donc ici comme pour la *cautio ;* le chirographum désignant un billet à un sens large, vaste et des plus étendus, que malgré toutes les recherches on ne peut limiter à une classe particulière de titres.

III. — *Epistola.* Cette expression désignant la correspondance fut bientôt appliquée a ce billet

(1) Page 154.

qui en prenait la forme ; on la distinguait par cette formule habituelle du commencement : Ille illi salutem, et cette autre de la fin : id epistolâ hac notum tibi facio (1). Le plus souvent l'épistola contenait l'explication d'une volonté pour un contrat consensuel ; par exemple, ce qui pouvait se faire oralement le pouvait aussi par écrit, Gaïus et Paul nous le disent : per epistolam aut per nuntium. Ainsi, par epistola on donne un mandat ; on l'emploie parfaitement pour reconnaître une obligation. Africain nous donne un exemple d'une épistola à propos d'une somme d'argent reçue par mandat et qu'on veut prêter par constitutum possessorium : Qui negotia Lucii Titii procurabat, is cum a debitoribu sejus pecuniam exegisset, epistolam ad eum emisit, quâ significaret, certam summam ex administratione apud se esse, eamque creditam sibi se debiturum cum usuris semissibus (l. 34. pr. D. 17, 1). Les lois 24, 26 et 28 (16, 3) nous prouvent qu'une promesse de payer par epistola constitue un constitutum.

Les epistolæ peuvent aussi intervenir inter præsentes et nous avons autant d'indécision que sur les deux expressions pour les restreindre dans des limites ; elles contiennent des clauses de stipulation, des donations et des reconnaissances de dette.

IV. — *Instrumenta*, — *documenta*. — Ces deux

(1) Lois 24-26, § 2-28. Dig. 16, 3. (Depositi.)

expressions sont synonymes, mais la première est de beaucoup la plus fréquemment employée ; elle est aussi la plus ancienne, elle remonte à Quintilien. Quant à leur signification, c'est ce qu'il y a de plus général et de plus étendu pour comprendre tout ce qui est écrit, quelle qu'en soit la forme : Instrumentum est le seul mot qui figure dans les rubriques des titres du Digeste et du Code pour signifier, acte écrit, écriture. Nous trouvons des exemples nombreux d'instrumenta spécifiés : instrumentum donationis, emptionis, venditionis, divisionis, dotale, etc.

V. — *Tabulæ.* — Au propre, c'est la matière sur laquelle un écrit ; *tabulæ* quæ publici aut privati contractus scripturam continent ; par extension, c'est devenu le titre lui-même : Tabulæ quibus pecuniam expromiseram (l. 104 § 1. D. de leg. 1). C'est de beaucoup la plus ancienne des expressions dont nous nous occupons ; dans notre première partie nous en avons déjà parlé, comme désignant le codex accepti et expensi, et c'est le contexte qui décidera si ce mot est pris dans ce dernier sens ou dans celui de simple titre.

Quand la langue romaine se fut enrichie de nombreuses expressions pour les titres écrits, les jurisconsultes adoptèrent *tabulæ* pour indiquer des titres d'une plus grande étendue : tabulæ testamenti, dotis ; nous lisons cependant encore : tabulæ cautionis, venditionis, etc.

VI *Obligatio* — Par suite d'un usageq ui se

manifeste dans toutes les langues, les Romains ont désigné la chose représentant par le nom de la chose représentée, et souvent *obligatio* et *contractus* sont employés pour *tabulæ obligationis contractus*; la langue française nous offre de nombreux exemples de pareilles figures, et dans notre vie pratique obligation est pris souvent dans le sens de titre d'obligation.

La conclusion à tirer de ce qui précède est que les dénominations de *Cautio*, *Chirographum*, *Epistola*, *Instrumentum*, *Documentum*, *Tabulæ*, *Obligatio*, étaient synonymes, qu'elles furent employées indifféremment les unes pour les autres, et que les différences de signification qu'elles pouvaient présenter ne portaient que sur des points de détail qui nous échappent et qui ne sont pas de nature à leur donner un caractère et une essence juridiques distincts les uns des autres. Les premières recherches pour arriver à cette délimitation ont été faites par M. Gneist, (1) auquel nous les empruntons en les résumant; ce savant allemand nous servira de guide dans l'étude des questions de cette seconde partie.

Nous laisserons de côté la question de preuve littérale dans le droit romain, pour ne nous occuper des titres écrits qu'au point de vue de leur influence et de leur rôle dans la création et la formation du contrat littéral, qui aurait succédé aux nomina transcriptitia.

(1) Gneist. — Die formellen Vertrage IV Abtheilung, § 2.

DEUXIÈME SECTION.

Du nouveau contrat littéral romain.

A l'époque de Justinien, et déjà bien avant lui, la *litterarum oblgatio,* parallèle quant à sa formation et ses effets à la stipulation, était depuis longtemps déjà tombée en désuétude ; les premiers mots du titre XXI des Instituts (l. III) nous le disent formellement; mais la seconde phrase nous avertit que quelqu'un peut se trouver obligé parce qu'il a *écrit* avoir reçu une somme d'argent, quoique la numération n'ait pas eu lieu. Gaïus, d'un autre côté (§ 134, III c.), nous parle d'une obligation littérale naissant entre pérégrins par *syngraphæ* ou *chirographa.* Justinien n'emploie aucun de ces mots, et pour lui l'écrit, source d'obligation, n'aurait cet effet que lorsqu'on ne pourrait plus opposer une exception. Mais quelle est la forme de cet écrit, quels en sont les effets, quelle en est au juste la portée, nous ne savons rien de précis ; Justinien n'a-t-il pas pris une analogie d'effets pour une similitude complète ? Le contrat littéral de Gaïus propre aux pérégrins seulement a-t il passé dans la législation civile? En d'autres termes, le droit romain a-t-il reconnu depuis la nominum obligatio per expensilationem un autre contrat littéral? Cette question divise les interprètes du droit romain et de plus ceux qui la résolvent affirmativement ne se rangent pas tous au même sytème; ils ont formulé trois opinions qui vont nous occuper séparément.

Suivant la première, les billets de reconnaissance de dette, *chirographa*, *cautiones*, constituent un contrat littéral;

La seconde ne donne cet effet qu'à une sorte particulière de billets, aux *syngraphæ;*

D'après la troisième, enfin, ce n'est pas le titre écrit qui crée l'obligation littérale; mais l'expiration du délai pendant lequel est efficace *l'exceptio non numeratæ pecuniæ*, donne au billet un effet qui est la litterarum obligatio.

§. 1. *Du Contrat littéral par Chirographa.*

Avant de le refuter, nous exposons le système qui soutient l'affirmative.

Le contrat littéral par chirographa, différent de l'ancienne nominum obligatio, a existé d'abord dans des cas où ne pouvait se former une obligation de droit strict, et est venu combler cette lacune. L'écrit qui en est la source, la *causa*, ne doit pas se confondre avec les titres adjoints à la stipulation, dont le rôle unique était de servir de preuve (1); Gaïus, en nous signalant son existence, nous indique en même temps qu'il était d'origine étrangère (§ 134.

(1) Système soutenu par Cropp : *Ueber die litt. obl.* : *Jurist. Abh.* I, page 235.—Schulting : *Jus civile ante Justinianeum*, p. 164. Endemann : *De Chirographo.* — Meyerfeldt : *Schenkung*, I, 330.

III C.) et à son époque usité seulement entre pérégrins. Mais quand des personnes absentes ne purent plus s'obliger stricti juris, ce qui est postérieur à Cicéron (1), les citoyens romains adoptèrent l'usage des pérégrins et nous trouvons là, c'est-à-dire dans l'absence des parties, la différence entre le chirographum et le titre adjoint à la stipulation. A l'époque de Gaïus, cette institution n'avait pas encore complétement passé dans le droit civil : cela explique qu'il y consacre si peu de mots; il est vrai de dire que les jurisconsultes des Pandectes ne paraissent pas s'en être beaucoup préoccupés, et au Digeste il n'en est pas mention; toutefois, les témoignages les plus indubitables constatent son existence et sa durée sous l'Empire; ainsi, Sénèque range les chirographa au rang des nomina : neque *nomen*, neque *chirographum* facere (de benef. II. 13), diplomata, syngraphæ, cautiones vacua habendi simulacra (de benef. VII. 10). Sous Sévère et Antonin (2) on accorde une exception contre de tels titres; la preuve la plus claire est la loi 6 au Code Théod. de denunc. : Si quis debiti, quod ex fœnore vel mutuo, data pecunia, sumpsit exordium, vel ex

(1) Cicéron, *pro Pr. Rosc. comed.* c. 5, énumérant les causes qui donnent une *condictio certi*, ne parle ni des chirographa ni d'aucun titre écrit analogue.

(2) Tit. 4, liv. 30, Cod. (de non n. p.) l. 3, 7.— L. 25, Cod. 4, 32. — L. 9, Cod. 3, 42. — Code Théod. 13 de *denunc*, où se rencontrent les expressions : *ex cautione conveniri; ex chirographis nihil peti potest; chirographo usuras solvi jussimus*; etc.

alio quolibet titulo, in *litterarum obligationem facta* cautione translatum... qui est d'Arcadius.

Il s'opérait donc au moyen de *cautiones* une transformation de dette quelconque en *litterarum obligatio* sur laquelle se basait une *petitio certi* : *si certum petatur ex chirographis*......

A cela Cropp ajoute un argument tiré de la loi 25 Dig. de *Probationibus* (22 3). Le par. 4 de cette loi contient, à son avis, un parallèle entre la *condictio indebiti* et la *condictio* résultant d'une *cautio indebite exposita*. Ici cette *cautio* est un simple billet, et dans texte on parle d'autre chose que de sa force probante ; les expressions employées sont un indice évident d'une *litterarum obligatio* : nous lisons *in cautionem deduxit*, phrase analogue à in stipulatum deducere et désignant comme cette dernière un contrat formel; et c'est pour cette raison qu'il est besoin d'une *condictio* ou d'une *exceptio* pour détruire la force de ce billet alors même qu'il ne contient aucune *causa debendi*, qu'il est *cautio indiscrete exposita*. Si ce billet a été dressé à l'occasion d'un *mutuum*, cette exception prend le nom particulier d'*exceptio non numeratæ pecuniæ* ; elle a été étendue aux titres adjoints à la stipulation et aux simples billets ; ces écrits en face de l'exception n'ont aucun effet obligatoire, et si leur rôle se borne seulement à servir de preuve, comment le débiteur peut-il avoir une *condictio* de ce titre? quel besoin a-t-il d'une exception pour avoir sa libération ? Par suite de cette exception la *cautio* est *inanis* (l. 1.

Cod. de non n. p. 4, 30) et on a la preuve évidente d'un contrat littéral par *chirographum*.

Mais cette thèse est beaucoup trop générale et les partisans de cette opinion sont forcés d'en resserrer les limites. Les lois 5 et 13. Cod. de n. n p. 5 (4. 30) leur fournissent une distinction. L'écrit, chirographum ou cautio, peut-être rédigé ou postérieurement à la naissance de la dette, ou simultanément ; dans le premier cas, le débiteur combattra le titre en prouvant qu'une *justa causa debiti* non *præcessit* et dans le second par l'exception non muneratæ pecuniæ. Si au moment ou le mutuum, par exemple, a lieu, on dresse un chirographum, il y a à l'instant même une condictio certi ex chirographo, battue en brèche par l'exception générale de dol, qui s'attaque à la litterarum obligatio. Le titre XXI (Inst. III) paraît ne considérer un contrat littéral qu'après qu'on ne peut plus opposer l'exception n. n. p., mais le § 2 de exceptionibus (Inst. IV) nous indique qu'au titre XXI il y a une erreur, car il donne la même exception contre la stipulation ; cette exception combat une prétention qui est basée sur un contrat formel au titre : De exceptionibus, et qui doit nécessairement aussi être un contrat formel au titre : De litterarum obligatione.

Quant à l'écriture faite sur une dette antérieure elle n'est jamais la source d'une litterarum obligatio, quoique le Cod. Théodosien (I. 1. Cod. T. 2.

(1) M. Labbé à son cours.

4. de denunc.) nous donne un exemple de novation par chirographa, et contre une cautio *indiscrete exposita*, les principes de l'équité donnent l'exceptio indebiti. Il y a entre les auteurs qui admettent ce système quelques divergences de détail ; ainsi, les uns (1) ne regardent le chirographum comme obligation litterale qu'en cas de prêt d'argent avec numération non fictive ; mais ces points de peu d'importance ne modifient en rien l'opinion que nous venons d'exposer.

Mais les partisans de ce système oublient, et pour cause, de définir avec précision ce qu'ils entendent par billet de reconnaissance de dette ; cette expression signifie ordinairement un écrit par lequel le débiteur se reconnaît tenu par obligation à une prestation, prestation d'argent, de choses fongibles ou non. Pour prouver l'existence d'un contrat littéral, on s'appuie sur des passages qui emploient des expressions fort générales, chirographum, cautio, epistola, etc. auxquelles on veut donner une signification distincte, quoiqu'elles aient la même (2) ; il faut dire alors que tous les titres écrits font un contrat littéral, c'est bien le système de Cropp, qui ne s'est pas aperçu que se généralisa chaque jour davantage l'habitude de constater les contrats, réels, consensuels ou verbaux dans un acte écrit, et qu'ainsi tout le système des obligations du droit romain se serait réduit au seul contrat littéral ? Comment alors

(1) Endemann.
(2) Première section, deuxième partie.

croire que cette institution a occupé une si grande place quand nous disputons encore sur son existence ?

Cette doctrine est néanmoins sérieuse, elle compte de nombreux adhérents et est enseignée par presque tous les romanistes français, ces derniers ne définissent pas nettement les écrits auxquels ils attribuent l'effet de contrat littéral ; ils mettent en avant certaines raisons que nous retrouvons surtout dans le troisième système, mais l'idée dominante de leur théorie se rattache principalement au système que nous venons d'exposer, et dont les arguments tombent à un examen attentif.

Le contrat litteris est le troisième des contrats ayant une *causa civilis* et que, pour emprunter un mot à une langue étrangère, nous appelons *formels* ; c'est avec le contrat verbis qu'il a le plus d'analogie, et c'est avec lui que nous allons le comparer. Si par chirographa il y a un contrat formel, il faut qu'il en ait tous les caractères, et qu'il soit assujetti aux même règles, quant à la forme et quant aux effets.

La permière chose, celle qui frappe tout d'abord est la causa ; même après toutes les extensions, la stipulation a conservé une forme reconnaissable ; les paroles, il est vrai, ne sont plus sacramentelles sous Justinien, mais elles subsistent toujours et doivent se produire d'une manière déterminée, l'interrogation et la réponse verbales sont toujours la base de la stipulation ; et dans les billets dont on veut faire un contrat littéral, il n'y a aucune forme ; la volonté de chacun est libre de leur donner celle qu'elle entend, sans qu'elle se manifeste ni dans la matière sur laquelle le titre est écrit, ni dans la disposition des mots, ni même dans une promesse directe de prestation de la part du débiteur. Ce titre peut contenir ou non une clause de stipulation ; dans le 1er cas, le contrat est verborum obligatio et dans le second pacte prétorien, constitutum ; il n'y a aucune place pour le contrat littéral, il faut tout au moins lui donner une forme et un nom.

Quant aux effets du titre écrit comparés avec ceux de la stipulation, il n'y a aucun point de contact, et en suivant la distinction faite par les auteurs que nous combattons, les divergences n'en apparaîtront que plus sensiblement.

Une obligation existe, les parties font une stipulation : ou bien cette stipulation opérera novation, ou bien elle sera obligation qui coexistera avec la première ; mais au lieu de stipulation on fait un écrit : ce titre ne pourra effectuer de novation, l. 11 § 1 D. (46-2) de novat. lois 2 et 29 (cod. tit.) — l. 2 C. (7-53) de executi rei jud. ; tout ce qu'on peut admettre serait que ce billet formerait un constitutum et encore dans la loi 6 (Cod. 4-2), Dioclétien, qui s'occupe de la question, termine par ces mots : *nihil de præcedente mutavit obligatione* ; et la loi de Théodose II « debitum ex quâcumque causâ in cautionen translatum, » qui a fait croire à une novation, se traduit grammaticalement : dette *relatée* dans une cautio. Mais il n'y aura pas non plus de contrat litteris, obligation principale indépendante de l'ancienne. Alors, en effet, que deviendrait le constitutum? Et comment supposer si, ce contrat civil et ce pacte prétorien ont coexisté, que les jurisconsultes qui se sont tant occupés du dernier n'aient rien dit du premier quand ils avaient tant de points communs? Cette remarque a tellement embarrassé les auteurs que Cropp dit que ce billet écrit est un contrat littéral quand il est irrégulier et incapable de servir de preuve.

La stipulation a servi aussi à faire des donations, le chirographum n'a pas eu cet effet : Eam, quæ bona sua filiis per *epistolam citra stipulationem* donavit,....... nihil egisse placuit (f° 263 Fr. Vatic.)

Il n'y a pas d'obligation entre les parties; s'il intervient une stipulation il en naît une; mais s'il intervient un titre, naît-il un contrat littéral? Nullement, pas même au cas de prêt, comme le prétend Endemann, la constitution de Dioclétien (l. 14 Cod. 4-2) s'y oppose formellement : Mutuæ pecuniæ, quam aliis dedit creditor, citra solemnitatem verborum suscribentem te non habet obligatum.

Jusqu'ici les textes refusent expressément aux billets écrits les effets les plus essentiels des contrats stricti juris. Pourquoi les leur aurait-on donnés? L'oubli des anciens nomina transcriptitia avait laissé une lacune dans le droit romain, les citoyens ne pouvaient plus s'engager litteris, aussi a-t-on de bonne heure pourvu à combler ce vide, en munissant d'action les chirographa et autres titres écrits. La lacune n'existait qu'en théorie, en pratique on ne pouvait pas s'en apercevoir. Dès le commencement de l'Empire, le contrat formel était très-gênant ; les préteurs ont travaillé à éluder les entraves qu'il imposait aux citoyens, et créancier et débiteur trouvaient fort avantageux d'employer les nouvelles formes ; et on veut que par une anomalie inexplicable dans cette période de formation et de régénération du droit, on soit revenu à l'ancienne législation pour créer une institution inutile, puisque le mutum et la stipulation donnaient toujours une condictio certi et que le constitutum a été sanctionné par le préteur ; le constitutum est le vrai successeur de l'ancienne nominum obligatio, et Gneist dit avec beaucoup de raison : « Le contrat littéral par « chirographum serait donc la création la plus « oiseuse du droit romain, utile dans les cas seu- « lement où on ne s'en sert pas, et cessant de « pouvoir être employée là où elle produirait un « effet. »

Ni la solidarité ni le cours d'intérêts ne peuvent se baser sur un chirographum, les textes sont trop nombreux et trop explicites pour qu'on puisse soulever une controverse.

Les témoignages que nous venons de citer sont contraires à l'existence d'un contrat littéral ; ils sont clairs et nets et donnent au titre XXI

(*L. III. Inst.*) un sens tout différent de celui auquel on est arrivé.

Nous venons de chercher et en vain la formation d'un contrat *litteris*, mais pour une réfutation complète il faut montrer qu'on ne parle pas de l'extinction d'une obligation née dans ces conditions. La dissolution d'une obligation s'opère dans la même forme que sa formation ; c'est ce que dit Pomponius : Prout quidque contractum est, ita et solvi debet ; ut, cum re contraxerimus re solvi debet (*l.* 80 *D. de solut.* 46-3), par application de cette règle générale, si le contrat *litteris* a existé, une quittance l'éteindra ou au moins la remise du titre. La quittance est de nul effet au point de vue de l'extinction : Inter acceptilationem et *apocham* hoc interest : quòd acceptilatione omni modo liberatio contingit, licet pecunia soluta non sit ; *apocha non alias, quam si pecunia soluta sit* (*l.* 19. § 1. *D.* 46-4 *de accepti*), et la loi 13 (*Cod. de solut.* 8-43), donne une décision identique ; ce qui éteint n'est donc que le paiement. La remise du titre est considérée comme un simple pacte *de non petendo* (*l.* 2. § 1. *D.* 2, 14 *de pacti*) et sa destruction ne forme qu'une présomption de remise de dette. (*l.* 24. *D.* 22,3, *de prob.*)

Le nombre de lois qui, dans tous les monuments du droit romain, s'occupent des titres écrits est considérable ; nous avons choisi les plus probantes ; quant aux autres, elles ne les considèrent que comme moyens de preuve, dont l'autorité est comparée avec celle des témoins, et que ces derniers peuvent remplacer. Le terme *cautio* exprime indifféremment un billet avec ou sans clause de stipulation ; dans l'un et l'autre cas son effet est le même, et partout ce titre sert de preuve et seulement de preuve. Tous les jurisconsultes du Digeste le considèrent comme tel, ils appartiennent à toutes les époques de l'histoire du droit romain ; le Code (1) s'occupe spécialement de la fides instrumentorum. En parlant de leur perte, il ne vise que les hypothèses où il sera possible ou impossible d'établir autrement la preuve du contrat qu'ils relataient. Une novelle (*Leonis* C. 72) donne une action à tous les pactes qui en étaient dépourvus jusqu'alors, pourvu qu'ils soient constatés par écrit.

Il reste encore de la doctrine adverse des raisons de textes. Et d'abord le § 4 (*l.* 25 *D.* 22,3; *de prob.*) ne prouve rien pour ce qui se passait à l'époque de Paul, car « le style de ce texte, dit » M. Bonnier, indique évidemment une interpo» lation ; les expressions *cautio indebitè exposita*, » — *indiscretè loquitur*, — *indebitè promisisse* — » appartiennent à la langue du Bas-Empire ; la » distinction entre les cas où la cause est ex» primée, et celui où le billet *indiscretè loquitur*,

(1) L. 4, D. 22, 4. — L. 27, pr., § 1, D. 47, 2. — L. 17, § 3, D. 13, 6. — L. 5, D. 22, 4. — L. 3, § 2, D. 49, 14 et beaucoup d'autres.

(2) L. 17, Cod. 2, 3. — L. 1, Cod. 4, 22. — L. 6, Cod. 4, 31. — L. 12, Cod. 4, 19.

» est présentée par Justin comme une innova- » tion. » Et dans ce texte il n'est question que des moyens de preuve, *probationibus in scriptis habitis*, destinés à faire tomber une présomption, et on ne peut pas dire que ne pouvant pas prouver la fausseté d'un écrit, on reste obligé en vertu de cet écrit; autrement, on arrive à cette conséquence, déjà mentionnée, qu'un billet fait régulièrement sert de preuve, et dressé irrégulièrement devient un lien d'obligation.

Les expressions *agere convenire* etc., *ex chirographo*, mises en parallèle avec *agere actio ex stipulatu* seraient décisives si nous ne trouvions pas une explication contraire. Souvent, et même fréquemment, ces mots : cautio, chirographum désignent non pas le titre écrit, mais l'affaire qui y est relatée, c'est une figure de langage familière à toute les langues; ainsi, Alpien dit : Eum qui *chirographum* legat, *debitum* legare, non solum *tabulas*, argumento est venditio; nam quum *chirographa* veneunt, nomen venisse videtur (*l.* 44, § 5, *D. de leg.* I). — Qui *chirographum* legat, dit aussi Julien, non tantum de *tabulis* cogitat; sed etiam de actionibus, quarum PROBATIO tabulis continetur. (*l.* 59. *D. de leg.* III). Je refuse une *actio ex instrumento*, dit Dioclétien (*l.* 4, *Cod.* 8,39), quand la *stipulation* est contraire aux bonnes mœurs. Les passages à rapporter dans ce sens sont innombrables; mais le peu que nous citons suffit à démontrer avec quelle facilité, non-seulement dans le langage vulgaire, mais encore dans le langage juridique, on employait le nom du titre pour indiquer un *negotium cujus probatio chirographo continetur*.

La constitution d'Arcadius, Honorius et Théodose, qui forme la l. 6 *au Cod Theod.* 1, 2, T. 4 de denunc, est l'argument le plus spécieux de la doctrine que nous combattons. Cette constitution a pour but de soustraire certaines causes à la longueur des formalités et des délais de la denunciatio, forme d'instruction des procès inaugurée par Marc-Aurèle; ces affaires y sont énumérées, et comme dernier cas on mentionne le debitum... vel ex alio quolibet titulo in *litterarum obligationem* factâ cautione translatum, traduit : dette transformée par la confection d'une *cautio* en litterarum obligatio. Cette *cautio* n'est pas un titre adjoint à la stipulation, personne ne donne à un tel écrit la vertu d'une litterarum obligatio et cette constitution serait inutile, car on a antérieurement supprimé la *denunciatio* quum quis ad luendum debitum *evidenti chirographo* convenitur; elle ne peut être qu'un billet de reconnaissance de dette, et je rejette aussi la traduction et les conséquences; d'une part, on peut grammaticalement donner une autre interprétation, nous l'avons déjà fait plus haut; et quelle conséquence peut-on tirer d'une mention incidente faite dans un passage où il y est nullement question de la force d'une obligation, mais seulement de l'apparence matérielle sous laquelle elle se présente? Et d'autre part, la constitution est générale, et s'il y a une litterarum obligatio, il faut en voir une dans toute *cautio* sur debitum ex mutuo vel fœnore, vel alio quolibet titulo. Sur quoi se baser en effet pour restreindre l'étendue de ce passage et la généralité de ses termes? Admettre un contrat litteris est encore ici une inconséquence, car on n'assujettit pas, dans le système de nos adversaires, le contrat *litteris* à la *denunciatio*, parce que c'est une affaire claire et facile, mais la même raison existe pour la stipulation et cette dernière y reste soumise.

Quant au § 134 de Gaïus, il ne peut rien prouver; il est d'abord fort affirmatif, il attribue ce contrat littéral exclusivement aux pérégrins dont la législation est totalement étrangère au droit civil romain, et enfin, dans ce passage très-court et très-clair, il n'y a rien qui puisse nous faire croire à une adoption des chirographa et syngraphæ comme contrat litteris par le droit civil romain.

Un de nos moyens pour détruire le système qui veut voir un contrat litteris dans le droit de l'Empire a été d'expliquer par leur contexte les citations que nos adversaires invoquent en leur faveur, et si on choisit quelques-uns de ces passages, qu'on les isole sans jeter les yeux sur tout ce qui les entoure, cette controverse ne finira pas et ne peut jamais finir.

§. 2. — *Du contrat littéral par Syngraphæ.*

Le paragraphe de Gaïus en vertu duquel on soutient qu'il a existé un contrat litteris par *chirographum* a aussi fourni l'occasion d'admettre un contrat *litteris* par *syngrapha;* mais ici, pour étayer ce système il y avait une difficulté de plus que dans le précédent. Tandis que dans de nombreux fragments de la compilation justinienne on emploie fréquemment l'expression *chirographum*, nulle part ni aux Instituts, ni au Digeste, ni au Code, soit Théodosien, soit Justinien, ne se rencontre le mot *syngrapha;* ce terme emprunté à la langue grecque a passé le premier dans la langue latine, mais aussi on ne l'a pas employé longtemps, et chirographum au contraire est devenu d'un usage général et durable dans le langage des jurisconsultes; déterminer exactement ce qu'était la *syngrapha*, dans quelles conditions elle avait passé de Grèce à Rome et pour quelles raisons elle avait si promptement disparu auraient dû être les points à éclaircir tout d'abord par les auteurs qui veulent la faire contrat *litteris*, et je n'ai eu nulle part la réponse à ces trois questions. Sa disparition, personne ne s'en occupe; l'effet qu'elle produit, on affirme sans le prouver que les Grecs avaient un contrat litteris qui se faisait par *syngrapha* et que la domination romaine s'en est emparée; cette assertion a été contrôlée par M. Gneist (1) et ce professeur, dans de fort savantes recherches a démontré que les Grecs n'avaient pas de contrat littéral, que chez eux la syngrapha était l'écrit constatant un acte et qu'elle ne servait que de preuve, et avec tant de clarté et d'évidence que Savigny après avoir dans divers écrits soutenu cette forme de contrat littéral abandonne la doctrine qu'il avait enseignée : « Il a paru dernièrement, » dit-il, des recherches parfaitement fondées » et satisfaisantes qui me font changer complé» tement ma doctrine première. » (*Sav. Vermischte Schriften* I. 2 *app*. § 4). Quant à ce qu'était la syngrapha, nous la croyons avoir signifié tout d'abord un manuscrit et plus tard un billet de reconnaissance de dette très-général et ne se limitant pas au prêt. Mais le Pseudo-Asconius a établi une double différence entre le chirographum et la syngrapha, le premier relate ce qui s'est passé dans un écrit qui reste aux mains d'une des parties, la seconde est rédigée *contra fidem veritatis*, elle est signée des deux parties qui en ont chacune un exemplaire. Nous avons déjà énuméré les raisons pour lesquelles cet Asconius ne doit pas jouir d'une grande autorité historique. Donner cette différence à propos d'un passage de Cicéron, quand alors chirographum

(1) H. R. Gneist, die formellen Vertrage. V. Abt.

ne signifiait encore que *manuscrit*, ne s'explique guère, car au temps de Cicéron les syngraphæ n'étaient que de simples billets, *cautio* et *chirographum* n'eurent cette signification que plus tard, les titres étaient scellés à la mode grecque, étaient confiés à un tiers, et le débiteur pouvait se faire absoudre s'il prouvait la fausseté des faits des syngraphæ (1).

Gluck (2) a vu une syngrapha dans la *cautio* qui est rapportée dans la loi 40 (Dig. 12-1.) de rebus creditis. D'autres voyant une actio ex chirographo ex stipulatu dans la loi 17 *Dig. de doli excep.* (44, 4) veulent trouver un titre écrit en vertu duquel on agisse et à ce titre ils ont donné le nom de syngrapha. En général si dans les monuments du droit romain on rencontre une *cautio* dont la forme est particulière, on la nomme *syngrapha*.

Les auteurs du système de contrat littéral par syngrapha restent dans le vague, ils ne nous donnent rien de précis ni de certain, et nous rejettons leurs idées par les motifs suivants :

1° Nos sources juridiques ne nous parlent jamais des *syngraphæ*.

2° Si les *syngraphæ* sont des titres adjoints à la stipulation, comme dans la loi 40 (*D. de reb. cred.*) il n'y a pas de contrat littéral, les témoignages les plus précis nous disent que dans ce cas la verborum obligatio subsiste.

(1) Gneist, loc. cit.
(2) Cursus der Just. XII, pages 130, 131.

3° Si au contraire ce sont des simples billets on ne saurait les distinguer de *cautio*, etc. et leur donner plus d'effet en changeant le nom.

4° Enfin si on fait des syngraphæ des titres sui generis, transplantés directement et sans changement de Grèce à Rome, le moins était d'indiquer leur forme et de se baser sur le droit grec, ce dernier point à été si évidemment prouvé inexact, par M. Gneist, que Savigny a voulu écrire pour revenir sur sa première opinion.

§ 3. — *Du Contrat littéral par péremption* de l'Exception *non numeratæ pecuniæ.*

L'exception *non numeratæ pecuniæ* est une exception de dol rédigée in factum, dans laquelle le juge a à s'occuper uniquement de savoir si l'argent a été ou non compté. Ce moyen est dirigé contre la stipulation et contre les simples billets de dette et il a cette particularité bizarre qu'il n'est pas soumis à la règle : *Reus in exceptione actor est;* et c'est le créancier qui doit prouver qu'il a réellement effectué la numération dont il demande la restitution (1). Cette exception est au nombre de celles que les jurisconsultes appellent non personæ sed causæ cohærentes, en sorte qu'elle peut être opposée par le débiteur et ses héritiers ou ayant cause, contre le créancier et ses héritiers ou ayant cause.

(1) Lois 3 et 10, Cod. de n. n. 4, 30.

Le délai pendant lequel *l'exceptio non numeratæ pecuniæ* pouvait être efficace était de 5 ans, mais Justinien le réduisit à deux années.

Enfin tant qu'exception temporaire *l'exceptio non numeratæ pecuniæ* n'aurait pas suffisamment protégé le débiteur qui n'aurait pu en profiter par suite de l'inaction prolongée du créancier, aussi lui a-t-on donné une *condictio* pour rentrer en possession de son titre (1).

L'exceptio non numeratæ pecuniæ nous est encore indiquée comme venant détruire l'effet d'une quittance. (L. 14. *Cod.* 4, 30.)

Nous n'avons à nous occuper que de l'effet que produit l'expiration du délai pendant lequel on pouvait opposer cette exception et seulement dans le cas où elle était donnée contre un simple billet de reconnaissance de dette. « A l'expiration » de ce délai, le billet devient une preuve irréfu- » table, le débiteur ne peut plus alléguer qu'il » n'a pas reçu la valeur, même en offrant de » prouver le non-paiement (2). »

L'existence de cette exception a amené un fort grand nombre d'auteurs à affirmer un contrat *litteris*. Les uns, comme Lauterbach (3), disent : je veux m'obliger litteris et sur une numération (*mutuum*) je fais un écrit contenant promesse de

(1) Un autre moyen reste au débiteur; il peut adresser soit à son créancier, soit au magistrat, une *protestation* dont l'effet est de rendre l'exception perpétuelle.

(2) Gneist. die formellen Vertrage, page 89.

(3) Lauterbach. Coll. theor. prat. T. 1, page 749.

payer, cette numération est la *causa impulsiva*, mais le fondement de l'action est dans l'écriture, dans la promesse écrite, qui est la source de *l'actio ex chirographa* dont l'efficacité est détruite par *l'exceptio non numeratæ pecuniæ*. Nous retombons ainsi dans le premier système sur lequel il n'y a pas lieu de revenir.

Suivant d'autres, ce n'est pas le billet à proprement parler qui crée l'obligation litteris, mais son incontestabilité dès que l'exception non numeratæ pecuniæ ne lui est plus opposable. Doneau dit : L'auteur du billet est forcé de payer, donc il est obligé. Mais il ne peut l'être *re* puisqu'il n'a rien reçu, il faut qu'il le soit *litteris* car le droit ne reconnaît que ces quatre modes de contracter. *re*, *verbis*, *consensu*, *litteris*. Ceci paraît confirmé par les Instituts (l. VI. t. XXI); mais Théophile en commentant ce titre termine en disant : On peut donc en quelque sorte encore être obligé litteris. Mais les paroles de Justinien peuvent s'expliquer autrement, on les interprête avec l'idée préconçue d'un contrat littéral et on arrive ainsi à cette bizarrerie; avant l'expiration du terme légal de l'exception le billet au point de vue de l'action est *pro non scripto*, il sert de preuve à un contrat; mais ce délai expiré, ce rien devient soudain quelque chose et même quelque chose de si considérable qu'on base sur lui une action, qu'il a *vim obligationis* de telle sorte que, ou bien il y a une novation en cas de dette réellement préexistante, sans que soit remplie la condition essentielle de la novation, *l'animus* novandi, ou bien se forme une obligation nouvelle sans ce qui est le principe de tout contrat, le consentement ; » et il est plus naturel d'attribuer à Tribonien » une expression mal choisie qu'une idée sans » aucun sens (1). » Savigny est complétement d'accord sur ce point et s'exprime ainsi : « Dans » le droit de Justinien, *l'expensilatio* a disparu et » si les apparences font croire qu'elle a été rem- » placée par une nouvelle *litterarum obligatio* (le » billet après le délai accordé pour opposer *l'ex-* » *ceptio non numeratæ pecuniæ*) sanctionnée par » une *condictio*, on ne saurait considérer cela » comme une nouvelle institution juridique, » comme un nouvel emploi de la *condictio*. Dans » tous les cas de ce genre il y a une *condictio* dès » le début (surtout dans le prêt) et l'innovation » qui résulte de la prescription de l'exception » *touche non pas à la nature du rapport de droit*, » mais seulement à *la preuve de l'affaire* en litige. » Ce serait donc un système aussi forcé que stérile » de faire éteindre par cette prescription l'an- » cienne *condictio* (du prêt) pour la remplacer par » une nouvelle (de l'écrit). Une interprétation » aussi littérale des paroles de Justinien n'est » pas justifiée. » (*Sav. Syst. V. pag.* 531.)

De l'emploi même de *l'exceptio non numeratæ pecuniæ* se tire un argument fort spécieux en faveur du contrat littéral. M. Labbé constatant la synonymie des deux termes : *cautio* et *chirogra-*

(1) Meurer. — Juristische Abhandlungen und Beobachtungen.

phum fonde une preuve « irréfragable » en disant: Quand la *Cautio* exprime une dette, cette cautio a dans les idées des Romains la force de constituer une obligation littérale. — Quand un écrit constate une obligation née « *quasi ex mutuo* » et est opposé au défendeur, celui-ci ne peut le combattre que par une exception : donc il y a là obligation.

En effet, si une personne agit en vertu d'un *mutuum* et pour l'établir produise des preuves, mais que le défendeur soutienne que la numération n'a pas eu lieu, ce dernier n'aura pas besoin d'une exception pour faire tomber l'obligation, qui ne peut naître en l'absence de *datio*; ou bien encore l'action est intentée en vertu d'une stipulation, si le défendeur prétend que les formes de l'obligation verbale n'ont pas été observées, il n'aura pas besoin d'une exception pour être admis à cette preuve qui porte sur la *réalité* même du fait constitutif d'obligation. Mais pour prouver que ces obligations avaient une cause qui ne s'est pas réalisée, il faudra au défendeur une *exception*. Donc on n'accorde une exception que dans les cas où l'obligation est parfaite en droit et par conséquent l'exception *non numeratæ pecuniæ* indique que ce contre quoi elle est donnée est une obligation (1).

Cette argumentation part du principe qu'on ne donne d'exception que contre une obligation réellement formée et parfaite, cette règle géné-

(1) M. Labbé, à son cours, le 12 février 1869.

rale souffre une exception qui porte précisément sur *l'exceptio non numeratæ pecuniæ*. Elle est donnée contre la stipulation et aussi contre les titres adjoints à la stipulation auxquels personne n'a jamais voulu donner le nom d'obligation, et ainsi nous avons un cas où cette *exceptio* n'est faite que pour détruire un moyen de preuve et pour comprendre le simple billet dans ce cas, il suffit de se rappeler que les Romains n'ont jamais distingué le billet ordinaire des billets avec clause de stipulation et que les différences qu'on a voulu établir entre eux résultent d'explications divinatoires d'auteurs peu anciens contredites par les monuments qui nous sont parvenus. *L'exceptio non numeratæ pecuniæ* nous présente des anomalies, et des effets divers si contraires aux exceptions ordinaires qu'en bien déterminer la nature a fait naître beaucoup de controverses, mais toutes partent de cette idée qu'elle a pour but et de détruire l'action d'une obligation et de détruire les moyens de preuve, La *querela* ou *l'exceptio* n. n. p. est considérée par Justinien lui-même comme un *beneficium* (l. 5. *Cod.* 2, 41) et la loi 13. (*Cod.* 4, 30) nous la représente comme un beneficium qui permet au débiteur de rétracter son aveu d'avoir reçu ce qui est contenu dans le billet, nous la trouvons donc destinée à combattre une force probante. Ces raisons me paraissent détruire l'argumentation de M. Labbé.

Mais si après la *litterarum obligatio* par *expen-*

silatio il n'a plus existé de contrat *litteris*, pourquoi le titre XXI du livre III des Instituts porte-t-il la rubrique de *litterarum obligatione?* La raison en est facile à saisir ; les quatre livres des Instituts s'adressent particulièrement « *cupidæ legum juventuti* » et résument « et *quod antea obtinebat* et quod postea *desuetudine inumbratum imperali remedio illuminatum est.* » On comprendrait beaucoup moins que ce titre ait été omis aux Instituts surtout quand on sait que Tribonien a pris Gaïus pour guide. Ajoutons encore une remarque qui isolée serait sans importance, mais d'un certain poids après tout ce qui vient d'être dit : c'est que ni au Digeste, ni aux Codes tant Théodosien que Justinien nous ne rencontrons la mention expresse évidente d'une *obligatio litteris;* bien plus en reproduisant la nomenclature qui divise en quatre les moyens de contracter, la loi 151 (*D. de obl. et Act.*) omet le mot *litteris* qui cependant se rencontre dans l'ouvrage original de Gaïus d'où la loi est tirée. Cette omission peut se constater souvent.

Enfin c'est en vain qu'on s'est ingénié à trouver des motifs d'utilité d'un contrat littéral, loin de prouver qu'il était nécessaire ou même avantageux, on ne saurait déterminer un seul cas où il serait préférable de l'employer, ni le bien distinguer d'autres institutions plus commodes avec lesquelles il se serait toujours confondu.

Un savant allemand, auquel nous avons emprunté quelques passages, Meurer, était si convaincu par ces raisonnements, qu'il termine en disant : « Le prétendu contrat littéral avait pour » père un faux interprète du droit et fut mis au » monde par sa mère, la précipitation, à une » heure inconnue. Malgré sa naissance impure » il a joui d'une grande autorité....... Mais » quand on voulut rechercher l'histoire de sa » naissance et la déterminer avec exactitude, il » mourut misérablement et sera oublié dans dix » ans. » (*Juristische Abhandlungen und Beobachtungen*. Abh. 8. § 3.)

Il y a plus de dix ans que Meurer écrivait ces lignes et le système d'un contrat littéral est encore soutenu, mais il est juste de remarquer que les auteurs qui ont fait de ce sujet une étude particulière depuis le commencement du XIXe siècle se sont presque tous rangés à l'opinion que nous venons de développer quoique un certain nombre aient soutenu antérieurement la doctrine contraire soit dans leur enseignement, soit dans leurs ouvrages.

CODE CIVIL

(Art. 1322 à 1332, § 2, sect. I, ch. IV, tit. III, liv. III.)

DES ÉCRITURES PRIVÉES.

Le paragraphe II de cette section quoique intitulé : de l'acte sous seing privé, s'occupe en outre de certaines écritures non signées qui n'ont aucun caractère public et leur donne quand certaines conditions se trouvent réunies, une force probante devant les tribunaux. Sous cette rubrique d'écritures privées nous parlerons d'abord de l'acte sous seing privé et dans un second chapitre des écrits non signés mais néanmoins non dénués d'effets. Dans notre droit civil ne se présente pas comme en droit romain la question d'écrits, sources d'obligations, toute la matière se résume en questions de preuve.

CHAPITRE I.

DE L'ACTE SOUS SEING PRIVÉ.

Cette dénomination est la définition exacte de ce genre d'écriture, la signature d'un particulier mise au bas d'un acte suffit pour en faire ce que la loi appelle un acte sous seing privé. On l'oppose au titre authentique; ce dernier a l'avantage d'une plus grande force, de procurer une exécution plus prompte, moins contestée, et de n'être attaqué que par la voix périlleuse de l'inscription de faux; aussi est-ce à un officier ministériel que les parties ont recours quand il s'agit d'opérations d'un grand intérêt; les garanties qu'il offre ont poussé le législateur à l'imposer comme élément nécessaire à la validité d'une convention dans des cas où il y a des personnes à protéger, des fraudes à prévenir; ainsi la donation, le contrat de mariage, la convention constitutive d'hypothèque, etc., sont assujettis à la solennité de l'intervention d'un officier public.

Mais dans les affaires d'importance moins considérable, en face de questions faciles à résoudre, l'acte sous seing privé est plus généralement employé, il dispense des formalités longues et coûteuses destinées à augmenter le témoignage d'un officier public et la loi lui donne assez d'autorité pour qu'avec un peu de prudence tous les intérêts soint sauvegardés.

Nous étudierons successivement les trois points suivants :

1° De l'acte sous seing privé et de ses effets ;

2° Règles spéciales à l'acte sous seing privé constatant des engagements synallagmatiques ;

3° Formalités spéciales à l'acte sous seing privé constatant des engagements unilatéraux.

SECTION I.

De l'acte sous seing privé et de ses effets.

Notre loi ne lui impose qu'une seule formalité, la signature des parties qui sont obligées ; le nom qu'un individu appose au bas d'un écrit, est suivant l'heureuse expression de Toullier, le sceau de la vérité, qui seul suffit à faire du titre un acte sous seing privé.

Il faut entendre par signature d'abord le nom de la personne, composé des lettres de l'alphabet, ou encore l'agencement souvent peu régulier et peu lisible de lettres par lequel une personne a l'habitude de signer, la Cour de cassation (23 mars 1824) et la cour de Bourges (19 août 1824) ont décidé qu'un évêque qui signe d'une croix avec les initiales de ses prénoms et le nom de son évêché, donne une signature valable et dans cette espèce l'acte attaqué était un testament olographe, acte dont les règles doivent être exécutées et interprétées plus strictement ; et cette solution est juste, car il ne pouvait y avoir de méprise possible ; c'est ainsi probablement que les parlements auraient jugé le procès identique qui s'engagea dans l'ancien droit sur le testament de Massillon, évêque de Clermont, si la contestation ne s'était terminée par une transaction.

La loi du 28 mai 1858 qui punit de peines correctionnelles celui qui prend un autre nom ou modifie celui qu'il a sur les registres de l'état civil ne peut avoir d'application ici et on serait mal fondé à demander en vertu de cette loi la nullité d'un acte sous seing privé ; d'autres lois du droit intermédiaire prescrivaient bien l'emploi du vrai nom de famille mais sans ajouter la sanction de nullité.

Cette grande latitude laissée à la forme de la signature a cependant une limite et, quoique aucun texte ne la pose, il paraît impossible d'admettre une croix comme signature suffisante ; pour la personne qui ne sait écrire, ou tout autre qui par bizarrerie signerait ainsi sans autre indication, cette croix serait le sceau de la vérité, mais elle n'indiquerait pas sans équivoque la personne de qui elle émane.

Disons enfin que la signature propre du particulier donnant le caractère d'acte sous seing privé, ne saurait être remplacée ou suppléée par celle d'autrui, un tel écrit revêtu seulement du nom de témoins n'aurait aucune autorité en justice ni comme acte prouvant par lui-même, ni comme commencement de preuve par écrit, car en réalité une telle pièce n'est que le témoignage d'un tiers, non constaté dans un acte authentique, et n'est par conséquent qu'une preuve testimoniale, écartée par notre Code (art. 1341) pour toute convention portant sur une valeur supérieure à 150 francs.

Quant au corps même de l'acte, il peut être écrit soit par les parties soit par un tiers, à l'encre, au crayon ou avec toute autre substance, en langue française, ancienne ou étrangère; dans l'ancien droit les tabellions et notaires ne pouvaient ni rédiger ni signer en qualité de témoins un acte sous seing privé (Décl. 19 mai 1696, art. 5), mais la Cour de cassation a jugé que cette prohibition a été abolie par les lois du 22 frim. an VII (art. 42) et du 25 ventôse an XI (art. 68) qui, sans donner cette permission explicitement, ont en vue le cas où un notaire aura rédigé ou signé un acte sous seing privé. C'est aussi l'avis du conseil d'Etat. (28 mars 1808, app. 1er avril 1808.)

La date n'est pas exigée dans l'acte sous seing privé, la loi ne demande pour lui donner une valeur aucune indication ni du jour ni du lieu où il a été fait ; il serait néanmoins fort imprudent de ne pas dater un tel écrit; personne en effet n'est assuré de ne pas être incapable soit absolument, soit relativement à certains actes et à certaines personnes, et une omission de ce genre serait de nature à soulever les plus graves difficultés. La date est d'autre part fort importante puisque le législateur qui assimile l'autorité de l'acte sous seing privé reconnu à celle de l'acte authentique a cru devoir faire une exception en ce qui concerne la foi de la date. (Art. 1328.)

Article 1322. « L'acte sous seing privé, re-
» connu par celui auquel on l'oppose, ou légale-
» ment tenu pour reconnu, a, entre ceux qui l'ont
» souscrit et entre leurs héritiers et ayant cause,
» la même foi que l'acte authentique. »

Cet article est la reproduction de l'art. 1319 du § du titre authentique, et la foi de l'acte authentique est pleine et entière, ce caractère d'authenticité prouve et la convention en elle-même et l'époque où elle a été faite, avec une force telle qu'on ne peut pas élever un doute sans prendre la voie dangereuse de l'inscription de faux et encore cette accusation si elle est incidente au procès civil n'arrête pas l'exécution de l'acte authentique. Cette énergie est loin d'appartenir à l'acte sous seing privé.

La simple négation de la vérité de la signature fait naître un nouveau litige, et avant de décider l'affaire au fond il faut procéder à la vérification des écritures, ceci est un progrès sur notre ancienne jurisprudence, où quand on voulait faire exécuter un acte sous seing privé il fallait d'abord conclure à la reconnaissance de la signature et faire statuer sur cette reconnaissance (Poth. Obl. n° 742). L'édit de décembre 1684 et la déclaration du 15 mai 1703 ont permis en matière commerciale de conclure au fond sans s'arrêter à la reconnaissance de l'acte t de prononcer une condamnation en vertu d'un acte sous seing privé. Aujourd'hui, quand à une assignation motivée par un acte sous seing privé on répond par une défense au fond, la vérité du titre est établie ; c'est une reconnaissance tacite. Dans ces circonstances, l'art. 1322 donne à l'acte sous seing privé la même foi qu'à l'acte authentique ; sauf toutefois une exception importante, écrite dans l'art. 1328. L'acte authentique fait foi de son contenu et même de sa date *erga omnes*, tandis que : « les actes sous seing privé n'ont de date » contre les tiers que du jour où ils ont été enre- » gistrés, du jour de la mort de celui ou de l'un » de ceux qui les ont souscrits, ou du jour où leur » substance est constatée dans des actes dressés » par des officiers publics, tels que procès-ver- » baux de scellés ou d'inventaire. » (art. 1328).

La manière de concilier ces deux art. 1322 et 1328 a été l'objet de l'étude de beaucoup d'auteurs, qui ont cru y voir une contradiction ; mais la difficulté n'est qu'apparente, et l'art. 1328 est une confirmation de l'art. 1322. Ce dernier, en effet, dispose en principe que l'acte sous seing privé fait pleine foi de son contenu quand il est reconnu ou tenu légalement pour tel, et cela entre certaines personnes désignées sous les noms de « ceux qui l'ont souscrit, héritiers et ayant-cause » ; ces termes sont très-vagues, le dernier surtout, qui dans notre Code a des acceptions différentes ; on a cherché à limiter l'étendue de sa signification dans l'art. 1322, et on a rencontré dans l'art. 1328, le mot *tiers*. Toullier a très-vivement soutenu que le mot tiers de l'art. 1328 ne s'entend que des *penitus extranei* ; autrement, dit-il, cette tierce personne ayant un rapport de droit quelconque avec un des souscripteurs serait son ayant-cause et rentrerait dans l'art. 1322. Cette doctrine a été l'occasion d'une longue controverse; Merlin et Ducauroy l'ont combattue, et dans cette dispute célèbre, il y a eu souvent de l'aigreur et de l'acrimonie; mais depuis la mort du professeur breton, son système n'a trouvé aucun partisan et aujourd'hui on n'en parle que pour mémoire.

Mais d'autres jurisconsultes divisent les ayant-cause en ayant-cause universels ou à titre universel et en ayant-cause à titre particulier; les premiers seraient les seuls auxquels s'applique l'art. 1322 ; et les seconds seraient les tiers de l'art. 1328. Tel est l'avis de M. Duranton; mais sa distinction n'a aucun fondement, car l'art. 1322 reproduit l'art. 1319, qui rejette complètement une division de ce genre; et l'art 1322, ne s'occupant pas seulement de la date, mais du contenu entier de l'acte, ne peut s'accommoder de cette séparation en deux classes d'ayant-cause.

Nous avons un principe posé en règle générale, la foi pleine et entière du contenu de l'acte vis-à-vis de toute personne, sauf les *penitus extranei* (art. 1322) ; et à cette règle on met une exception spéciale à une partie de l'acte seulement, la date, et à une classe de personnes, les tiers ; pou que cette exception se justifie, elle doit nécessairement porter sur ce qui est dans la règle générale, et formulant ce point en d'autres termes, on dira : il y a des *tiers* qui doivent tenir pour vrai tout l'acte (art. 1322), *sauf* la date (art 1328), et ce ne sont pas des *penitus extranei*, car pour eux, l'acte *nec nocet nec prodest.*

Nous n'avons qu'à passer en revue les personnes auxquelles on opposera un acte sous seing privé pour voir celles envers lesquelles il a ou n'a pas date certaine.

I... Le signataire d'un acte ne peut jamais invoquer l'art. 1328, qu'il ait ou non perdu sa capacité ; cet article, en effet, parle de tiers seulement et protége contre la faute d'autrui et non contre la sienne propre. Aussi, si un mineur devenu majeur donne à son tuteur récépissé sous sa signature privée de sa reddition de comptes de tutelle, et si plus tard il intervient un traité postérieur de plus de 10 jours à la date du récépissé, l'ancien pupille ne pourra en contester la validité (art. 472) sous prétexte que le récipissé n'aurait pas acquis date certaine 10 jours avant le traité; il a été partie à l'acte et est soumis à l'art. 1322. (Paris 10 mai, 1860.) La Cour de cassation a décidé cependant (9 juillet 1816) qu'un individu pourvu d'un conseil judiciaire n'était pas tenu par un acte sous seing privé n'ayant pas acquis date certaine avant le jugement, par ce motif qu'au moyen d'une antidate le prodigue pouvait détruire complètement les effets du jugement qui lui donnait un conseil judiciaire. C'est pour la même raison que la cour de Rouen a jugé (22 juillet 1828) que les actes sous seing privé souscrits par un condamné à une peine afflictive et infâmante ne sont valables qu'autant qu'ils ont acquis date certaine avant la condamnation. Cependant, il faut toujours appliquer l'art. 1322 à ces incapables; c'est un principe auquel on ne peut apporter de dérogation, et cette opinion est confirmée jusqu'à l'évidence par le 2e alinéa de l'art. 1410, où le législateur décide que la femme commune sera poursuivie sur la nue propriété de ses propres par ses créanciers dont le titre est sous seing privé, mais n'ayant pas acquis date certaine avant le mariage; la femme ici est devenue incapable, et néanmoins elle ne peut opposer le défaut de date certaine. Qu'on ne dise pas que cette disposition est exceptionnelle : elle rentre dans l'application de la règle, et le motif qui l'a fait écrire est la controverse de notre ancien droit que le code a voulu trancher, et il l'a fait en suivant la doctrine de Pothier et de Duparc-Poullain.

Si la date est certaine contre le souscripteur incapable, ce dernier a tous les moyens à sa disposition pour prouver l'antidate; l'art. 1341, en effet, ne saurait lui être applicable.

On peut encore figurer dans un acte par mandataire et il y a intérêt à savoir si le mandant peut être considéré comme tiers dans les actes sous seing privé souscrits en son nom par le mandataire, et ainsi refuser de reconnaître l'acte qui n'aurait pas acquis date certaine avant la révocation du mandat. La jurisprudence est constante à décider que le mandant n'est pas tiers dans le sens de l'art. 1328, et que pour détruire la validité de l'acte il a à prouver l'antidate. Les considérants d'un arrêt de la cour de Bordeaux (22 janvier 1827) justifient complétement ce système : « Attendu, y est-il » dit, que le mandataire est l'image du mandant; » que dans le cercle de ses pouvoirs il peut faire » tout ce que pourrait faire le mandant lui- » même; que si le mandant peut donner par » sa signature une date certaine à son égard » aux actes sous seing privé qu'il souscrit, le » mandataire qui le représente a la même fa- » culté; qu'il est libre au mandant de soutenir » que les actes du mandataire ont été réelle- » ment passés à une autre époque que celle » qu'indique leur date apparente; mais que, » demandeur dans cette exception, c'est à lui » de l'établir sur des preuves positives; que » vainement on oppose les inconvénients qui » résultent pour le mandant de la difficulté » qu'on peut éprouver à établir la fraude; — » que le mandat est de sa volonté et le manda- » taire de son choix (1); — qu'il ne peut répu- » dier les obligations qui dérivent d'un contrat » dont il a recueilli les avantages, etc. » (Cass. 28 nov. 1833 et 19 nov. 1834.)

(1) L'hypothèse était celle d'un mandat conventionnel.

On objecte à la jurisprudence que la loi n'entend par *parties* que ceux qui ont physiquement figuré dans l'acte (art. 1322-1323-1324); on emploie les expressions *souscrire* l'acte, avouer ou désavouer *sa* signature, le mandant n'est donc pas partie. Mais on répond qne la loi entend par partie toute personne contre laquelle l'acte doit avoir son exécution directe et immédiate, ce qui est la position du mandant; s'il n'est partie il est tiers, et la seule détermination que le Code permette de ce mot est toute personne qui, à raison de circonstances *étrangères* et *distinctes* se trouve en regard d'une convention qui pourrait porter atteinte à ses droits si elle lui était opposable indépendamment de toute certitude de date. (Art. 1410, 1558, 1743, C, C, 684. Pr.); cette définition exclut le mandant. Il n'est pas juste non plus de dire que l'art. 1322 s'applique à ceux dont la mort donne date certaine à l'acte. Il est hors de doute que la certitude de la date sera acquise par la mort du mandataire et non celle du mandant; mais de ce que le mot souscrire a été employé dans son sens le plus étroit dans l'art. 1328, il ne s'ensuit pas que son acception ne soit celle de partie contractancte dans l'art. 1322.

Ajoutons qu'ici, de même que pour l'incapable, le mandant qui voudra prouver l'antidate le peut faire par tous moyens sans se conformer à l'art. 1341; il a été évidemment dans l'impossibilité de se procurer un commencement de preuve par écrit.

II.— Ce n'est plus au souscripteur qu'est opposé l'acte sous seing privé; mais à ses héritiers ou successeurs universels ou à titre universel; leur auteur a toujours pu faire cet acte, ou bien sa capacité a varié et pendant un certain laps de temps il n'a pu s'obliger. Au premier cas, la question de date ne présente aucun intérêt, peu importe l'époque à laquelle l'acte a été fait, la convention est obligatoire pour les héritiers ou successeurs. Dans le second cas, il est fort important pour les héritiers de savoir à quel moment précis de la vie de leur auteur la convention a été conclue. On a enseigné, contrairement au texte de la loi, que l'art. 1322 n'était applicable que dans la première hypothèse; que dans l'autre, au contraire, les héritiers ou successeurs étaient des tiers de l'art. 1328. Alors, où est le motif de distinguer? L'art. 1322 est seul et partout applicable; cet article a trait à la date et on lui refuse toute valeur précisément dans le seul cas où il peut produire un effet, c'est-à-dire quand l'auteur n'a pas toujours été capable. D'un autre côté, l'héritier est toujours assimilé à la partie contractante; par elle il figure à la convention, il n'est pas tiers, et quelle raison de le protéger autant que et comme un étranger?

L'art. 1975 annule le contrat de rente viagère créé sur la tête d'une personne malade et qui meurt de cette même maladie dans les vingt jours de la date du contrat; les héritiers du crédi-rentier pourront-ils faire annuler le contrat parce qu'il n'aura pas acquis date certaine vingt jours au moins avant le décès de leur auteur? Assurément non; cependant cette décision est vivement contestée, car l'art. 1975 a pour but unique de protéger les héritiers du crédi-rentier, et cet avantage est illusoire en face du principe de l'art. 1322; de plus, cette action en nullité naît dans la personne de l'héritier, elle ne lui vient pas de son auteur; à ce point de vue il n'est pas héritier, il exerce un droit propre et personnel. Ces objections tombent, si au lieu de supposer la rente viagère subordonnée à la vie du crédi-rentier on la prend subordonnée à la vie d'une tierce personne ; l'art. 1975 a statué sur eo quod plerumque fit et est aussi applicable dans cette dernière espèce; le droit d'exiger en nullité naît dans la personne du crédi-rentier. La jurisprudence a varié deux fois dans la solution de cette question ; après avoir admis la date apparente comme date certaine au regard des héritiers (Caen, 10 déc. 1821), elle rejette cette doctrine (Cass. 15 juillet 1824) pour revenir bientôt à ses premiers principes (Cass., 5 avril 1842).

Une vente entre époux n'est valable qu'autant qu'elle rentre dans un des cas de l'art. 1595, et si l'époux survivant présente aux héritiers de son conjoint décédé un acte sous seing-privé constatant une vente ayant date apparente antérieure à la célébration du mariage, mais n'ayant pas acquis date certaine avant cette époque, ces héritiers devront respecter le contrat, à moins qu'ils ne prouvent l'antidate.

Un interdit meurt laissant un testament olographe, ce testament fait foi de sa date envers les héritiers. Cet acte est considéré par le Code comme un acte sous seing privé; vouloir lui donner date certaine, c'est obliger à l'enregistrer, formalité contraire à la nature du testament olographe qui est la clandestinité ; si ce testament ne faisait pas foi de sa date, comment pourrait-on le révoquer par un autre testament olographe, puisqu'on ne saurait dire si celui qui porte la date postérieure n'est pas antérieur?

Parmi les exceptions au principe d'inaliénabilité du fonds dotal, se trouve les cas où il s'agit de payer les dettes de la femme ou du constituant antérieures au contrat de mariage. (art. 1558 4me ali.) Si le créancier du constituant n'a qu'un titre sous seing privé, cet acte doit avoir acquis date certaine conformément à l'art. 1328, car la femme au point de vue de cet acte n'est qu'un tiers; ce sont des circonstances étrangères et distinctes qui la mettent en face de cette convention. Si c'est la femme dotale qui est débitrice et que son créancier n'ait qu'un acte sous seing privé, celui-ci ne pourra agir que s'il représente un titre ayant acquis date certaine avant le contrat de mariage; l'art. 1558 fait une dérogation aux principes généraux, sa disposition n'est pas une mesure de protection pour la femme, son but est d'assurer et d'empêcher de frauder le principe d'inaliénabilité du fonds dotal ; aussi, le créancier dont le titre n'aura pas acquis date certaine antérieure au contrat de mariage pourra poursuivre son paiement sur les paraphernaux.

Quand la femme, par la dissolution du mariage, sera rentrée dans la libre disposition de ses biens, son créancier pourra saisir le bien qui fut dotal, quoique quelques personnes voient dans l'art. 1558 une présomption légale que la dette a été contractée *durante matrimonio*.

III. L'acte sous seing privé peut être opposé à des ayant-cause à titre particulier du souscripteur. Il faut supposer plusieurs ayant-cause ayant des droits sur le même immeuble, puisqu'en cas de meubles les art. 1141 et 2279 tranchent toute difficulté, et encore depuis la loi du 23 mars 1855 sur la transcription cette question n'offre qu'un fort médiocre intérêt ; pour le rencontrer on doit supposer plusieurs ayant-cause sur le même immeuble qui n'ont fait transcrire leur titre ni l'un ni l'autre.

L'expression *tiers* n'est pas opposée à ayant-cause à titre particulier; les art. 1295, 1321, 1338, 1670 entendent par cette dénomination des ayant-cause. La femme est tiers vis-à-vis de son mari en cas de remploi, quand elle est tenue de respecter les droits consentis par son mari sur l'immeuble acquis en remploi ; il faudra donc que l'acte constatant ces droits ait acquis date certaine antérieurement à l'acceptation de la femme.

En cas de vente d'un bien loué, l'acquéreur peut ne pas respecter le bail s'il n'a pas date certaine antérieure à l'aliénation.

La loi du 3 mai 1841 (art. 21 et 39) accorde en cas d'expropriation pour cause d'utilité publique une indemnité distincte au propriétaire et aux locataires ou fermiers ; on se demande alors si le preneur, pour profiter de cet avantage, doit présenter un bail ayant date certaine. L'État se considère comme un tiers acquéreur pareil à celui de l'art. 1743 et réclame le bénéfice de l'art. 1328. Mais entre l'État expropriant et le tiers existe une différence essentielle : celui-ci ne dépouille pas, il est subrogé aux obligations personnelles de son vendeur, et ces obligations n'ont d'effet contre lui qu'autant qu'elles sont antérieures à la vente ; la question ne se complique pas de responsabilité. La situation de l'État est tout autre ; il est tenu *d'indemniser* parce qu'il dépouille et qu'il lèse, et n'a pas droit à une garantie aussi efficace que l'acquéreur qui succède ; il encourt une responsabilité qui a une certaine analogie avec celle d'un tiers qui aurait commis des voies de fait contre un immeuble, et ce n'est pas pour cette situation exceptionnelle qu'a été fait l'art. 1328 ; et « l'État est tenu d'indemniser tous ceux qui souffrent dans leurs droits par le fait de l'expropriation. » (Clamageran Rev. prat I pag. 82.) On peut raisonner par analogie; en cas de saisie suivie d'expropriation et d'adjudication, l'art. 684 (Cod. Pr. C.) donne au juge la faculté d'apprécier s'il y a lieu ou non de maintenir les baux n'ayant pas acquis date certaine; c'est un cas d'aliénation forcée bien moins grave que celui d'expropriation pour cause d'utilité publique, et il faudrait au pis aller donner la même décision. En étudiant la loi du 3 mai 1841, on se convainc que l'État ne peut être assimilé aux tiers des art. 1743, 1750 et 1328. L'art. 21 de cette loi charge le propriétaire de faire connaître dans un certain délai à l'administration les fermiers, locataires, etc., sans distinguer si les baux ont acquis date certaine; et en cas d'oubli, le propriétaire reste chargé des indemnités qu'ils pourront réclamer. L'art. 39 de la même loi donne au jury le droit d'indemniser les fermiers, locataires, etc., dont il est parlé à l'art. 21, c'est-à-dire tous les preneurs envers lesquels le propriétaire est responsable de la privation de jouissance, et sont dans ce cas tous les preneurs, que leur bail ait acquis date certaine ou non. L'administration est par ces décisions mise au lieu et place du propriétaire et est tenue comme ce dernier de son obligation de garantie aussi étendue qu'elle soit, et le droit de recours qu'on enlève au locataire dépouillé est remplacé par son droit à l'indemnité; autrement on est injuste envers le preneur; il s'adresse à son bailleur qui lui répond victorieusement : Vous êtes dépouillé par un cas

de force majeure, je ne suis plus responsable; il se retourne contre l'administration qui dit : Je suis un tiers, vous ne me présentez pas un acte ayant acquis date certaine, je ne suis obligée envers vous. Ce preneur a cependant un bail efficace contre son bailleur; il souffre un dommage par le fait d'un tiers, le préjudice est tel qu'il lui enlève tous les droits de ce bail; et ce tiers n'en devrait pas réparation? Si on objecte que cette solution ouvre les portes à la fraude, nous répondons que l'État a une garantie suffisante dans l'art. 48 qui donne au jury le pouvoir d'apprécier la sincérité des titres et l'effet des actes. Cette question a donné lieu en pratique à de nombreux procès, et la jurisprudence a souvent varié. La Cour de Paris (3 mai 1845) a d'abord décidé que le droit à l'indemnité existait pour le locataire qui ne produisait pas un bail ayant date certaine (Lyon, 7 août 1855). La Cour de cassation (Ch. Civ., 2 février 1847) veut que le bail ait date certaine (Paris, 20 juillet 1858). Mais la Cour suprême est revenue au système que nous défendons (Ch. civ., 17 avril 1861), par un arrêt qui se base sur les raisons que nous venons de donner : « Attendu, y est-il dit, que l'expro-
» priant est tenu, en leur lieu et place (des pro-
» priétaires), d'indemniser, comme ils auraient
» été obligés de le faire eux-mêmes, lesdits
» fermiers ou locataires, *au même titre* et *de la*
» *même manière*, du préjudice résultant de
» l'expropriation, etc. »

IV. — Les créanciers du souscripteur d'un acte sous seing privé peuvent se trouver dans l'exercice de leur droit de gage (art. 2093) ou de l'action Paulienne en face de tierces personnes qui leur opposent cet acte sous seing privé. Examinons d'abord ce qui se passera en cas de saisie-arrêt. « La saisie-arrêt est l'acte par lequel un » créancier fait défense aux débiteurs de son dé- » biteur de se dessaisir du montant de ce qu'ils » doivent en d'autres mains que celles du saisis- » sant. » (Colmet d'Aage, proc. civ. n° 813). On se demande alors si un autre créancier pourra, en vertu d'un acte privé qui n'aura pas acquis date certaine avant la saisie, concourir au marc le franc avec le premier saisissant, ou bien si ce dernier réussira à l'écarter. Le créancier saisissant est bien un ayant-cause du débiteur, puisqu'il fait ce que ce débiteur ferait et le remplace; d'un autre côté, l'art. 1298 appelle tiers le créancier saisissant, et paraît ainsi le protéger par l'art. 1328. A cette question s'en joint une autre, qui est de savoir si les créanciers du débiteur saisi postérieurs à la saisie concourent avec le saisissant. Si sur ce point on admet l'affirmative, il faut aussi adopter l'opinion qui dit qu'un créancier, pour concourir à la saisie, n'a pas besoin de représenter un titre ayant acquis date certaine antérieure; des auteurs même qui défendent la négative ne veulent pas appliquer l'art. 1328, ce qui cependant serait logique, et Boitard, qui commet cette inconséquence, la motive par cette seule phrase : « Cette décision, qui » serait, je crois, la conséquence littérale de » l'art. 1328, serait facilement repoussée comme » évidemment trop dure, comme pouvant écarter » du droit de concourir sur les biens du débiteur » commun, des créanciers qui, réellement anté- » rieurs à l'époque de la saisie-arrêt, ne pour- » raient pas cependant établir cette antério- » rité. » (Boitard, proc. civ. page 217).

Cet aveu de Boitard et la raison très-peu juridique qu'il donne, nous font croire que sa négative n'est pas le bon système, et nous croyons avec MM. Duranton, Pigeau et Colmet d'Aage que tout créancier du saisi antérieur ou postérieur à cette saisie a le droit de concourir, et l'art. 1328 est ici hors de cause. Le saisissant n'acquiert aucun privilége ; tous les biens du débiteur sont le gage de tous ses créanciers, et la saisie n'enlève au débiteur saisi que le droit de donner quittance et de disposer de sa créance ; et c'est pour ces trois motifs que le créancier saisissant est forcé de subir le concours même des créanciers dont le titre est postérieur à la saisie.

« Par la saisie-exécution, le créancier fait » d'abord mettre sous la main de justice, puis » vendre, les meubles corporels de son débiteur, » afin de se faire payer sur le prix. » (Colmet d'Aage, pr. civ. n° 841). A partir du moment où le procès-verbal de saisie est rédigé, le créancier saisissant devient tiers par rapport aux actes de son débiteur. Si quelqu'un produit un acte sous seing privé constatant que le saisi lui a aliéné un des objets compris dans le procès-verbal, cet acte sous seing privé devra avoir acquis dans les termes de l'art. 1328, date certaine antérieure au procès-verbal ; mais si je revendique ces objets comme les ayant confiés, prêtés, etc., au débiteur, ma réclamation n'a pas besoin de s'appuyer sur un titre ayant date certaine; car je ne tiens pas mon droit du débiteur, je suis propriétaire; depuis quand et comment? Peu importe, le saisissant n'a aucun droit de gage sur ces meubles, et l'art. 1328 n'est applicable qu'en cas de possibilité de fraude par une antidate.

Les preneurs et personnes ayant un droit réel sur un immeuble saisi ne pourront conserver leurs droits contre le saisissant, qu'autant qu'ils produiront un titre ayant date certaine avant le commandement ; sauf toutefois l'exception de l'art. 684 du Code de procédure, dans lequel il est dit que « les baux qui n'auront pas acquis date » certaine avant le commandement *pourront* » être annulés, si les créanciers ou l'adjudica- » taire le demandent. »

Quand les créanciers exercent l'action de l'art. 1166, ils sont subrogés dans les droits de leur débiteur, agissent en son lieu et place et en son propre nom ; aussi les actes sous seing privé émanés du débiteur font-ils pleine foi contre eux. Dans l'action de l'art. 1167, au contraire, le créancier devient tiers, il agit *proprio nomine*, en vertu d'un droit propre, et est garanti contre les antidates par l'art. 1328. Celui contre lequel le créancier agit a son droit constaté par un titre authentique, tandis que ce créancier n'a qu'un acte sous seing privé; ce dernier, pour exercer l'action Paulienne, doit avoir un droit antérieur à celui de ce tiers-acquéreur : mais sera-t-il obligé de prouver cette antériorité suivant l'art. 1328?

La jurisprudence raisonne ainsi : Le tiers acquéreur est un ayant-cause de l'aliénateur, il rentre donc dans l'art. 1322; aussi, les actes sous seing privé de l'aliénateur font foi contre lui. (Cass. 14 décembre 1829). M. Bédarride distingue entre l'acquéreur à titre gratuit et l'acquéreur à titre onéreux; celui-ci peut se prévaloir de l'art. 1328, tandis que le premier ne le peut pas. Cette même distinction est reproduite par M. Marinier (Rev. prat., XII, page 34); mais pour lui donner une solution opposée, le donataire est protégé par l'art. 1328, et l'acheteur doit tenir pour vraie la date apparente. En effet, le but de l'art. 1328 est de prévenir les fraudes par antidate, et quand le dommage n'est pas immédiat, il ne s'applique pas. Si le créancier exerce l'action Paulienne contre un acheteur, la preuve de l'antériorité ne fera pas réussir ce créancier, car il a à prouver la fraude de l'acheteur; la question de date n'apporte donc aucun préjudice immédiat à l'acquéreur. Le donataire, au contraire, se verra dépouillé par le seul fait de l'antériorité du créancier; il n'y a pas à prouver sa fraude, aussi doit-il être protégé contre le danger des antidates;

on comprend très-bien que si l'art. 1328 n'existait pas, le donateur aurait un moyen de révoquer une libéralité par lui faite. Cette opinion est celle de M. Larombière qui la résume : « Les » tiers, porteurs d'actes sous seing privé sans » date certaine, peuvent les faire prévaloir, en » établissant que leur adversaire a participé à » la fraude sur laquelle ils fondent leur action » en révocation. » (Obligations, IV. 412.)

L'art. 156 (Cod. proc. civ.) décide qu'un jugement par défaut faute de comparaître doit être exécuté dans les six mois; sinon il est réputé non avenu. L'exécution peut se suppléer par un acte d'acquiescement du défendeur et même après ce délai, l'acte d'acquiescement conservera au jugement tous ses effets; la péremption de l'art. 156 étant édictée dans un intérêt privé, celui qui en profiterait peut renoncer à s'en prévaloir, aux termes de l'art. 2220. On se demande alors si les créanciers du défaillant pourront opposer la péremption du jugement quand l'acte d'acquiescement n'aura pas acquis date certaine avant l'expiration du délai de six mois. Nous croyons avec M. Larombière (Oblig. IV, page 414) que la renonciation à cette péremption est une vraie renonciation à la prescription qui tombe sous l'application de l'art. 2225, et que les créanciers, étant tiers dans le sens de l'art. 1328, ont intérêt et droit d'exiger que l'acte d'acquiescement ait date certaine antérieure à l'expiration du délai de six mois. Contre cette opinion, on objecte que l'article 2225 est une application de l'art. 1166 et est étranger à l'art. 1167. On répond facilement que le créancier qui veut faire rescinder une renonciation à une prescription n'exerce pas les droits et actions de son débiteur qui ne peut pas revenir sur sa renonciation, mais use d'un droit propre qui naît en sa personne et qui lui est conféré par l'art. 1167. Nous n'irons pas cependant jusqu'à admettre la jurisprudence de la Cour de cassation qui a décidé que si l'acte d'acquiescement n'acquérait date certaine qu'après le délai de six mois, les créanciers postérieurs à cette date certaine opposeront avec justice la péremption du jugement par défaut. Le 1er arrêt du 6 avril 1840 casse un arrêt de la Cour d'Agen du 9 septembre 1837, et le 2e du 18 juin 1845 casse aussi un arrêt de la Cour de Nîmes du 1er mars 1842. Le motif de ces décisions est que « le jugement auquel cet acquiescement s'applique était » anéanti, et que l'acquiescement tardif ne peut » faire revivre le jugement. » Il y a une erreur évidente dans cette interprétation trop judaïque des expressions, *seront réputés non avenus*, de l'art. 156 (Cod. pr. civ.); car il est constant que le défaillant, par une manifestation de volonté faite à un moment quelconque, donne le droit d'exécuter le jugement contre lui; ce jugement n'est donc pas absolument nul.

En matière de faillite, les créanciers du failli sont tenus de respecter tous les actes de leur débiteur, pourvu que leur date apparente soit antérieure à la faillite ; ils sont en effet les représentants du failli, ses ayants-cause, agissent en son lieu et place et n'ont aucun droit autre que ceux que le failli eut eus lui-même (Cass., 15 juin 1843 et 4 juin 1854).

V. — Si jamais l'art. 1328 doit recevoir une application; c'est quand l'acte sous seing privé est opposé à des tiers proprement dits à des *penitus extranei*. Ainsi l'art. 2265 raccourcit le temps nécessaire pour prescrire un immeuble quand la possession s'appuie sur la bonne foi et sur un juste titre ; ce titre, pour avoir date certaine contre le revendiquant, devra, s'il est sous seing privé, remplir une des conditions de l'art. 1328 et sa date apparente ne fixera jamais vis-à-vis le revendiquant l'origine de la possession. C'est par application de ce principe que l'art. 62 de la loi du 22 frimaire an VII dit que la date des actes sous signature privée ne pourra être opposée à l'Etat pour prescription des droits et peines encourues.

Il nous reste maintenant à indiquer de quelle manière les actes sous seing privé acquièrent date certaine et quel est le jour de cette date. L'art. 1328 désigne trois moyens : 1° l'enregistrement de l'acte; 2° la mort de l'un de ceux qui l'ont souscrit; 3° la constatation de sa substance dans un acte dressé par un officier public.

1° L'enregistrement est la relation d'un acte sur un registre public. Ce qu'il faut considérer ici, c'est la relation sur le registre lui-même et non l'indication que les receveurs sont tenus de mettre sur les titres enregistrés ; aussi, s'il y avait une différence entre la date du registre et celle de la mention, il faudrait s'en tenir uniquement à la première.

2° Mort de l'une des personnes qui ont souscrit l'acte. La fraude de l'antidate n'est plus alors possible, et c'est le motif qui a déterminé le législateur ; on peut objecter que par un abus de blanc-seing il est facile d'écrire au-dessus de la signature d'une personne décédée ; mais c'est là un crime que la loi ne prévoit ni ne pouvait prévoir. Mais à quel titre faut-il que le défunt ait signé l'acte, pour lui donner date certaine par son décès ? Il n'y a aucune difficulté si ce signataire était obligé principal ou caution ; mais que décider s'il avait été appelé comme conseil ou comme témoin à l'acte ? L'art. 1328 n'exige pas que le signataire décédé ait été partie intéressée ; la seule condition par lui demandée, est que le défunt ait souscrit l'acte, sans s'inquiéter en quelle qualité ; pour lui la mort rend toute antidate impossible, qu'elle frappe une partie contractante ou tout autre signataire ; c'est l'avis de la Cour de cassation (8 mai 1827), combattu par M. Marinier (Revue pratique, XII, pag. 285).

3° Constatation de la substance dans un acte dressé par un officier public. Les exemples de procès-verbaux de scellés ou d'inventaire que donne la loi sont de nature à nous indiquer ce qu'elle entend par ce troisième moyen. C'est le signalement de l'acte, tel qu'on ne puisse se tromper et qu'il ne reste pas d'équivoque : ainsi, sa description, son analyse, l'indication de son objet avec sa date apparente et les noms des parties sont tout autant de relations qui sont prévues par l'art. 1328. Les procès-verbaux de scellés et d'inventaire ne sont cités qu'à titre d'exemple, et le même effet sera donné à tout acte émanant d'un notaire, d'un avoué, d'un huissier, à un jugement, à une décision ministérielle remettant les peines encourues pour enregistrement tardif (Riom, 24 janvier 1842) et même à la relation dans un autre acte sous seing privé acquérant date certaine par un des modes de l'art. 1328 : ces deux actes en effet deviennent inséparables et ne peuvent se distinguer l'un de l'autre.

L'art. 1328 est limitatif et restrictif dans sa disposition ; en dehors des trois cas prévus, l'acte sous seing privé ne peut acquérir date certaine ; cela résulte du texte même de la loi : « les actes. *n'ont* de date... *que* du jour », et des travaux préparatoires, car ce n'est qu'après une discussion qu'on a ajouté au projet du Code qui ne prévoyait que le cas de mort, la circonstance de la substance de l'acte privé relatée dans un acte public, adjonction qui n'aurait aucun sens si l'art. 1328 n'était qu'énonciatif.

Malgré cela, Toullier n'a vu que trois applications d'un principe général ; partout où il y aura impossibilité d'antidate l'acte sous seing privé aura date certaine ; et pour développer et prouver son idée, ce jurisconsulte prend l'exemple d'un homme qui aurait perdu les deux bras : M. Bonnier (Traité des preuves, n° 704) fait remarquer qu'un peintre de talent, privé de bras, ne peignait qu'avec le pied, et tout le monde aujourd'hui peut voir le sous-gouverneur des Invalides, le général Sumpt, qui, ayant eu les deux mains emportées à la bataille de Reichsoffen, est arrivé au moyen d'appareils à signer son nom. La doctrine de Toullier fait de la certitude de la date une affaire d'appréciation, point sur lequel le Code a voulu abroger l'ancien droit en donnant une base fixe aux droits des parties. Ainsi l'absence même déclarée, l'emprisonnement, l'éloignement, la maladie, l'apposition du timbre de la poste, etc., n'ont pas la force suffisante pour donner date certaine à l'acte sous seing privé.

L'acte sous seing privé est supposé daté du jour où il acquiert date certaine ; ainsi, du jour de l'enregistrement, de la mort d'un des signataires de la constatation dans un acte authentique, et on ne saurait être admis à prouver contre des tiers que l'acte sous seing privé qui n'a pas acquis date certaine par les modes de l'art. 1328, porte une date apparente qui est réelle et sincère.

En matière commerciale, où l'acte sous signature privée à une grande importance et est d'une pratique des plus fréquentes pour les opérations et les transactions, on n'applique pas l'art. 1328; la lettre de change et le billet à ordre font foi complète de leur date ; aussi, toute liberté d'appréciation est laissée au juge pour la sincérité et l'exactitude de la date. (Cass. 17 juillet 1837. — Angers, 2 avril 1851).

Notre loi civile n'admet aucune exception à l'art. 1328, et nous n'avons plus, comme certaines provinces dans l'ancien régime, certains actes sous seing privé faisant foi de leur date à l'égard de tous ; tels étaient les contrats de mariage en Normandie et en Navarre.

Si deux actes sous seing privé émanés de la même personne acquièrent date certaine le même jour et sont tels qu'ils se modifient ou se contredisent l'un l'autre, il faudra faire concourir ces deux actes ensemble à moins d'une indication d'heure ou de moment de la journée exacte : ainsi, si un des signataires qui n'a figuré que dans un de ces actes meurt à huit heures du matin et que le signataire commun aux deux actes meurt à cinq heures du soir le même jour, le premier de ces actes aura acquis date certaine antérieure avant le second.

SECTION II.

Règles spéciales à l'acte sous seing privé constatant des engagements synallagmatiques.

Lorsqu'il s'agit de prouver un contrat synallagmatique, la loi restreint la grande latitude qu'elle a laissée en général aux actes sous seing privé et exige en ce cas une formalité qu'on nomme habituellement formalité du *Double écrit* ou théorie des doubles. L'art. 1325 s'exprime ainsi :

« Les actes sous seing privé qui contiennent des » conventions synallagmatiques, ne sont valables, » qu'autant qu'ils ont été faits en autant d'ori- » ginaux qu'il y a de parties ayant un intérêt » distinct.

» Il suffit d'un original pour toutes les per- » sonnes ayant le même intérêt.

» Chaque original doit contenir la mention » du nombre des originaux qui ont été faits.

» Néanmoins, le défaut de mention que les » originaux ont été faits doubles, triples, etc., » ne peut être opposé par celui qui a exécuté de » sa part la convention portée dans l'acte. »

I. — Depuis longtemps les personnes qui s'engagent réciproquement par le même contrat ont pris la précaution de garder chacune un titre original constatant la convention ; ainsi, dès le XIIIe siècle, nous voyons la *charte-partie*, acte rédigé en double sur la même feuille de papier ou de parchemin ; chaque contractant gardait une moitié de la feuille qui avait été coupée, et lors de la demande en exécution de la convention, les deux morceaux étaient rapprochés. Cette coutume n'était pas obligatoire ; la pratique anglaise a conservé quelque chose de cette tradition : en cas de contrat synallagmatique on place l'un sur l'autre tous les originaux et on leur fait des dentelures au ciseau.

Mais le 30 août 1736, le Parlement de Paris fit de cette habitude de rédiger un double écrit une formalité obligatoire non-seulement pour la validité de l'acte, mais encore pour la validité de la convention elle-même. Dans l'espèce sur laquelle cet arrêt eut à décider, chaque partie représentait un original, mais on avait omis d'énoncer qu'il avait été fait double; l'acte et la convention furent annulés parce que, comme le dit M. de Grainville, conseiller au Parlement, « la représentation ne rectifiait pas le défaut d'é» nonciation qu'ils (les originaux) avaient été faits » doubles. » Le Parlement de Rouen suivit cette doctrine, lorsqu'il décida en 1785 que la mention que l'acte a été fait double n'empêche pas la nullité du titre et du contrat, s'il est prouvé qu'en réalité il n'a été fait qu'un seul original. Les parlements de Douai en 1777 et de Grenoble en 1779 ont jugé contrairement à l'arrêt du 30 août 1736; mais si cette jurisprudence n'était pas unanime elle était très-généralement adoptée, et elle se résume en ces trois points : 1° Obligation de dresser effectivement un double écrit; 2° obligation de mentionner que l'acte a été fait double; 3° L'oubli de l'une ou de l'autre de ces conditions entraîne la nullité et de l'acte et de la convention; le caractère de cette nullité était tel qu'elle ne pouvait être couverte par aucun moyen, pas même par le refus des parties à s'en prévaloir. Cette doctrine se basait sur l'égalité qui doit

existier entre les parties pour se contraindre à l'exécution de leurs engagements. Or, disait-on, s'il n'existe qu'un seul original d'un acte sous seing privé constatant une convention synallagmatique, la partie qui le possède est maîtresse de la preuve et par conséquent aussi de la convention ; l'autre partie est à sa discrétion; les deux contractants ne sont pas tenus avec la même énergie, le principe de la convention est donc vicié.
» L'acte était nul dans son principe, dit M. de
» Grainville, parce que ni l'un ni l'autre de ces
» doubles ne donnait aux parties la preuve que la
» convention était réciproque et par conséquent
» obligatoire. »

Les critiques à adresser à cette décision sont justes et nombreuses ; elle impose à l'acte sous seing privé une solennité rigoureuse dont rien ne couvre l'omission; et « il fallait, dit M. Bon-
» nier (Preuves n° 684) avoir la manie de tout
» réglementer pour transformer ainsi une me-
» sure de précaution en une nécessité de droit. »
La convention et sa preuve sont confondues, et il n'existe plus de différence entre le consentement qui crée l'obligation et l'écrit destiné à la constater. La convention purement verbale et avouée sera exécutoire, tandis que le contrat sera déclaré nul s'il n'en est produit qu'un seul original, quand même les parties avoueraient la réalité de la convention. Le Parlement de Paris, dans ses idées de protection, est allé jusqu'à méconnaître les principes les plus élémentaires du

droit et froisser toutes les règles de l'équité et de la morale.

C'est de cette solution qu'est sorti notre art. 1325 ; il est loin d'adopter la doctrine complète du Parlement de Paris, mais l'exposé des motifs de Bigot-Préameneu et le rapport de M. Jaubert gardent des traces évidentes de notre ancienne jurisprudence. Sous l'empire du Code, il faut rédiger autant d'originaux qu'il y a de parties ayant un intérêt distinct et mentionner sur chaque original le nombre de doubles qui aura été fait ; la sanction de ces prescriptions est une nullité qu'on peut couvrir et qui n'entache que l'acte lui-même, sans porter aucune atteinte à la validité de la convention. Pour justifier cette disposition, on a reproduit le raisonnement des parlements ; la position des parties doit être égale en ce qui concerne les moyens de preuve, ce motif n'est pas suffisant; MM. Aubry et Rau prétendent que lorsque les parties n'ont rédigé qu'un seul original la convention n'est qu'à l'état de simple projet ; cette raison est inexacte : on ne la rencontre ni dans l'ancien droit ni dans les travaux préparatoires du Code; l'art. 1325 ne règle qu'une question de preuve et l'idée de MM. Auby et Rau touche à l'existence de la convention ; enfin, en pratique il est difficile de supposer des parties signant un simple projet sans faire aucune réserve à cet égard, et si le cas se présente il est si rare, qu'on ne peut le considérer comme un *plerumque fit* sur lequel le Code à statué. L'unique pensée du législateur a dû être de garantir l'observation des principes de bonne foi, de diminuer les chances de surprise et de fraude et de ne pas laisser une partie à la merci de l'autre. Tous les commentateurs dirigent contre cet article les mêmes critiques : il outrepasse son but, gêne les parties etc.; mais nous n'entrerons pas dans leur examen, nous nous bornerons à étudier la loi telle qu'elle est.

L'art. 1325 ordonne la rédaction d'un double écrit et exige que les parties certifient cette confection en signant la mention que l'original a été dressé double; l'omission de l'une ou de l'autre de ces prescriptions est une cause de nullité de l'écrit. Cependant, si l'espèce de 1736, où chaque partie produisait un original, mais sans mention qu'il avait été fait double, se représentait aujourd'hui devant les tribunaux, il faudrait reconnaître l'efficacité de l'acte, car la mention du nombre des originaux n'est exigée que pour la preuve, et la représentation des doubles est la preuve la plus évidente que l'acte a été fait en double original. (Grenoble, 8 avril 1829).

Il suffit que l'original qui se trouve entre les mains d'une partie porte la signature de toutes les autres ; il est clair, en effet, que le possesseur de l'acte n'a pas besoin de s'obliger lui-même par sa propre signature.

Comment peut-on couvrir la nullité résultant de ce que l'acte n'a pas été fait double ou de ce qu'il n'est pas certifié avoir été fait double?

L'art. 1325 porte que « le défaut de mention que » les originaux ont été faits doubles, triples, » etc., ne peut être opposé par celui qui a exé- » cuté de sa part la convention portée dans » l'acte. » La lettre de la loi ne vise que le défaut de mention, mais sa disposition s'applique évidemment aussi au défaut de rédaction en double original, car ces deux cas sont toujours mis sur la même ligne, sont traités de la même manière, et il n'y a ici aucun motif de distinguer entre eux. Cet alinéa n'est que l'application du principe général posé à la fin de l'art. 1338, que l'exécution volontaire emporte renonciation aux moyens et exceptions qu'on pouvait opposer contre un acte; elle purge donc et le défaut de mention et le défaut de rédaction en double.

En vertu d'une autre règle générale, l'exécution n'emporte renonciation que pour la partie qui a exécuté, les autres conservant leur droit plein et entier ; toutefois il sera difficile et rare de voir un contractant exécuter seul ; si par exemple je paie le prix d'une vente constatée par acte sous seing privé non fait double, j'exécute ma part de la convention et le vendeur, en acceptant le prix, fait acte d'exécution et le vice de l'acte sera purgé pour les deux parties. Mais que deux plaideurs conviennent de s'en remettre à un arbitrage, celui qui remet les pièces aux arbitres aura exécuté la convention, mais son adversaire opposera valablement que l'acte n'a pas été fait double.

Il est indifférent que l'exécution soit totale ou partielle ; la seule condition qu'elle doive remplir est d'être postérieure à l'acte ; ainsi, la quittance contenue dans un acte entaché de nullité ne peut pas prouver que l'acte existe, le paiement s'est confondu avec la formation du contrat et ne peut en être la ratification ; il ne faudrait pas aller jusqu'à dire que l'acte étant nul, le versement de l'argent n'est pas prouvé par là ; la partie qui aurait payé dans ces circonstances baserait très-justement une répétion sur l'acte qui constate ses déboursés.

On n'est pas d'accord sur le point de savoir si, dans le cas où un acte sous seing privé n'a pas été fait en double original, le vice de forme peut se purger par le dépôt de l'acte, soit chez un notaire, soit entre les mains d'un tiers.

Le dépôt d'un tel acte a été fait dans une étude de notaire du consentement de toutes les parties. Il ne peut y avoir de difficulté, la nullité est couverte à l'égard de tous : tous, en effet, ont une égale facilité pour en prendre connaissance et pour arriver à se contraindre réciproquement à l'exécution. Si le dépôt n'avait été fait que par le détenteur du titre, les autres parties conservent le droit d'en opposer la nullité qui n'est effacée qu'à l'égard du déposant seulement (Bordeaux, 13 mars 1829) ; et nous ne pensons pas qu'il y ait mise en demeure de se déclarer suffisante par une notification que l'un des contractants ferait aux autres, soit du dépôt de l'acte chez un notaire, soit de son acquisecement; cela résulte de l'art. 1325 lui-même qui ne déclare couverte la nullité qu'à l'égard de celui qui est auteur du fait. Le silence dans lequel reste celui à qui on fait pareille notification n'implique ni acquiescement, ni à plus forte raison acte d'exécution. Remarquons que le dépôt ne donne pas à l'acte sous seing privé le caractère d'acte authentique : il reste ce qu'il était ; l'acte de dépôt seul est authentique et, s'il remplit la condition de l'art. 1328, donnera date certaine à l'acte sous seing privé.

Si cette remise du titre a lieu entre les mains d'un tiers, la question est plus délicate. Même faite du consentement de toutes les parties, le vice n'en existe pas moins suivant certains auteurs et suivant la Cour de Caen (24 avril 1822); M. Massé (Droit comm., T. 6, n° 5) se base pour soutenir cette opinion sur ce que « la loi, par le double » écrit, veut que les deux parties soient également favorisées ; » si le dépôt chez un notaire couvre la nullité, c'est que le notaire délivre des expéditions, mais un tiers n'a pareille faculté et quand il met l'acte à ma disposition en me le communiquant, cet acte cesse d'être à la disposition de mon cocontractant. Mais il nous semble difficile de ne pas voir là une renonciation à l'exception tirée du vice de forme, les parties constituent un mandataire commun et rendent ainsi leur position égale (Cass. 29. mars 1852) (Grenoble, 2 août 1839).

Il est inutile d'ajouter que l'intention qui a

présidé au dépôt doit être la conservation et la représentation de l'acte et de purger le défaut des formalités prescrites par l'art. 1325. L'appréciation de cette intention est laissée aux juges, qui décideront d'après les circonstances.

La lettre du Code paraît demander des originaux *littéralement* conformes entre eux ; mais des divergences de détail ne viennent pas affecter la validité de l'acte; MM. Aubry et Rau ne discutent pas ce point, ils affirment qu'en cas de différence entre deux doubles, l'obligation la plus faible sera seule prouvée et qu'il n'y aura lieu de les annuler qu'au cas où les contradictions seront inconciliables (Zach., t. 6., n° 736). M. Larombière partage le même avis et pose quelques règles, que les tribunaux auront à suivre quand la question sera soumise à leur appréciation (Oblig., t. 4., art. 1325, n° 45). L'art. 1327 fournit à cet égard un argument décisif.

II. Quel caractère doit avoir la convention, pour que l'acte qui la constate soit soumis à la formalité du double original? L'art. 1325 répond formellement qu'il ne s'applique qu'au cas de conventions *synallagmatiques* que l'art. 1102 nous définit : « lorsque les contractants s'obligent » réciproquement les uns envers les autres. » Nous dirons donc que tout acte sous seing privé relatant des obligations réciproques, des conventions qui rendent les parties respectivement créancières et débitrices l'une de l'autre, devra être rédigé en double original conformément à l'art. 1325, et il n'y a pas à distinguer si les obligations sont toutes positives ou négatives, si l'une est positive ou l'autre négative; leur existence simultanée par le fait de la convention est seule à considérer, et peu importe qu'une obligation soit pure et simple tandis que l'autre serait affectée d'un terme ou d'une condition, ni si elles sont soumises à des modalités différentes, le caractère de l'acte n'en est en rien changé.

Les contrats unilatéraux et les contrats synallagmatiques imparfaits restent donc en dehors de notre règle. Quoique dans ces derniers il puisse naître une obligation réciproque, il n'y en a qu'une seule principale et la seconde n'est qu'éventuelle et subordonnée qui si elle est la suite, la conséquence de la convention n'en est nullement l'objet; cela est si vrai, que le Code civil ne les a pas rangés dans une classe particulière; il les nomme contrats unilatéraux et cette appellation a été empruntée par la doctrine à notre ancienne jurisprudence.

Mais tous les contrats sont loin de présenter le caractère bien tranché d'obligation synallagmatique ou unilatérale; des dispositions, des clauses spéciales peuvent en altérer la nature, et pour bien saisir la pensée de la loi, il faut étudier quelques hypothèses particulières.

Un contrat unilatéral ne renferme pas d'obligations réciproques s'il contient un terme en faveur du débiteur, contrairement à l'avis de la cour de Nîmes (18 novembre 1851) : l'arrêt ne contient qu'une affirmation sans la corroborer d'aucune preuve.

Il en sera autrement si quelque clause spéciale lie le créancier; nous rentrons dans cette idée générale qui domine toute cette matière, que chaque partie doit pouvoir contraindre l'autre à l'exécution de ses engagements. Ainsi, le cautionnement, qui de sa nature est unilatéral, sera synallagmatique si la caution stipule un terme ou une réduction de la dette; si pour acquérir cette sûreté le créancier fait quelques concessions sur l'obligation principale. Toutes les fois que ces incidents se produiront, le contrat sera soumis à l'art. 1325. Le cautionnement est un des actes unilatéraux qui prête le plus aux exemples, et la justice, qui a été souvent saisie d'affaires de ce genre, a eu à se décider dans des hypothèses variant presque à l'infini.

En principe un arrêté de compte n'est pas astreint à la formalité des doubles. Quoiqu'il contienne l'exposé d'opérations qui ont rendu les deux parties respectivement créancières et débitrices, comme il se résume en une quittance ou en une reconnaissance de dette égale au montant du reliquat, il n'y a en définitive qu'une seule partie obligée, et ce n'est pas le caractère des actes antérieurs et primitifs qui le rendront synallagmatique · chaque partie peut avoir grande utilité; à conserver un original d'un tel titre, mais cet intérêt n'est pas de ceux que l'art. 1325 s'est donné mission de sauvegarder, la théorie des doubles ne lui est donc pas applicable. (Cass. 16 mars 1852).

Mais si cet arrêté de compte, par suite de dettes non compensables, laisse les deux parties créancières l'une de l'autre, ou comme il arrive souvent, qu'il s'élève des points litigieux sur lesquels on transige, il faudra nécessairement un double original, car chaque partie est tenue par la convention qui est l'approbation du compte. Il en serait de même si la dette était novée.

Une quittance constatant une extinction de dette est unilatérale, mais elle perd ce caractère et est soumise aux prescriptions de l'art. 1325 si, ne constatant qu'un payement partiel, elle modifie d'une manière quelconque la convention primitive, en affectant l'obligation du débiteur.

A l'inverse, des contrats synallagmatiques habituellement peuvent, par suite de clauses, de circonstances particulières, devenir unilatéraux et échapper ainsi à l'art. 1325. Si l'une des parties exécute pleinement et immédiatement tout ce à quoi elle est tenue, il ne reste plus qu'une seule obligation et l'acte sous seing privé sera valable quoique rédigé en un seul original. Dans une vente, par exemple, qui est le type des contrats synallagmatiques, si l'acquéreur paye immédiatement le prix, il a satisfait à la convention; le vendeur est en réalité le seul obligé et un seul original suffit. Le vendeur peut de son côté se libérer immédiatement ; il arrive journellement que dans une vente de meubles individuellement déterminés, le vendeur exécute sur-le-champ toute son obligation, tandis que l'acheteur reste débiteur du prix : un seul original est suffisant encore dans ce cas et la pratique quotidienne nous donne raison, car, au lieu de dresser un acte de vente, l'acquéreur signe simplement un billet de reconnaissance de dette ; preuve que l'obligation réciproque n'existe plus.

Le compromis est un contrat bilatéral ; quoique unilatéral vis-à vis des arbitres qui sont des mandataires, les parties qui les ont choisis sont liées l'une vis-à-vis de l'autre et doivent pouvoir se contraindre mutuellement à remettre le différend entre les mains des arbitres constitués, aussi doivent-elles avoir chacune un original

Si dans une obligation mutuelle, une vente par exemple, le vendeur constate par écrit toutes les obligations auxquelles il est tenu, que l'acheteur fasse la même chose de son côté et qu'ensuite les deux parties échangent ces écrits séparés, on ne peut nier qu'ils fassent foi de la convention si chaque titre mentionne la remise réciproque qui a été faite ; la loi n'exige pas la concordance entre tous les originaux et les parties ont rempli l'intention et le vœu du législateur. Chacune d'elles est égale devant la preuve, la fraude et la surprise sont impossibles, il n'y a pas de motif pour fonder une action en nullité.

La promesse de vente vaut vente, dit l'art. 1589, et comme telle elle est soumise à l'art. 1325, l'engagement existe de part et d'autre. Mais il peut y avoir promesse unilatérale, soit de vendre, soit d'acheter ; Merlin repousse la validité d'un tel acte par un argument a contrario tiré de l'art. 1589 ; sa doctrine n'est pas admissible, une pareille promesse n'est pas annulée spécialement par la loi et l'art. 1134 ne lui préjudicie pas. Ces offres n'ont pas besoin d'être constatées par un double écrit, une seule partie est obligée ; quant à l'autre, l'art. 1174 nous dit qu'elle n'est pas tenue, car son obligation est de sa part purement potestative, si voluerit.

En matière commerciale, les actes sous seing privé échappent à la formalité du double original; leur appliquer l'art. 1325 serait entraver la célérité et compliquer la simplicité des opérations de cette nature. Quelques arrêts repoussent cette décision, et M. Massé (Droit comm.) soutient que la théorie des doubles doit aussi s'étendre aux actes de commerce, et il tire un argument de l'art. 109 (Cod. comm.) qui parle des actes sous seing privé et ne peut avoir en vue que ceux qui sont validés par le Code civil. Cette raison est mauvaise, car cet art. 109 s'occupe de la preuve des achats et ventes, en énumère les modes, et après avoir mentionné l'acte sous seing privé, il met sur la même ligne le simple témoignage. La disposition de cet article, est au contraire la marque la plus évidente de la latitude laissée aux juges consulaires de former leur conviction par tous les moyens qu'ils croiront convenables. Il est cependant des exceptions, et chaque fois que le Code de commerce exige la confection d'un écrit, il faut le faire en double original ; l'art. 39 sur les sociétés en nom collectif et en commandite renvoie lui-même à l'art. 1325; l'art. 1 de la loi du 29 juillet 1867 dit que l'acte sous seing privé constatant une société en commandite par actions devra être fait en deux originaux; le connaissement doit être rédigé en quatre originaux au moins (art. 282. Cod. comm.). Si par lui-même l'acte est acte de commerce, peu importe que les parties soient ou non commerçantes ; mais dans le cas contraire le non-commerçant pourra opposer le défaut de doubles, ressource que n'a pas le commerçant. En réalité, le Code de commerce ne se sépare du Code civil que pour des opérations usuelles et journalières qui se résument presque toutes en achats et ventes.

Ici se place une question qui peut embarrasser au premier abord; elle a arrêté Toullier qui plus tard a reconnu son erreur : c'est celle des contrats par correspondance et du rôle qu'y jouent les lettres missives. En matière commerciale, pas de difficulté possible; les lettres missives sont un élément de preuve quand elles ne sont pas preuve complète, et en l'absence de l'art. 109, nous avons l'art. 8 du Cod. comm. qui ordonne à chaque commerçant de garder copie sur un registre de toutes les lettres qu'il envoie et de mettre en liasse toutes celles qu'il reçoit ; on pourrait peut-être bien voir là quelque chose approchant de la formalité des doubles. Mais en droit civil le contrat par correspondance est-il valable ? Assurément oui; tous nos contrats sont consensuels, et rien ne s'oppose à envoyer et manifester son consentement par lettres et ce serait confondre, comme l'a fait l'ancien droit, la convention avec sa preuve que d'annuler le contrat par correspondance par cette raison quela correspondance ne constitue pas un acte sous seing privé régulier dans le sens de l'art. 1325. De quelle utilité seront alors les lettres missives qui constatent le consentement ? Le Code civil n'en fait mention nulle part et le particulier peut détruire toute trace des lettres qu'il écrit ou qui lui sont adressées, et il est certain que deux écrits, dont l'un contient une offre et l'autre une acceptation, ne sont pas deux originaux du même acte ; faudra-t-il alors refuser toute foi à ces lettres parce que l'art. 1325 aura été violé ? Nous n'hésitons pasà admettrela négative. Pourquoi faire intervenir ici l'art. 1325? Les contractants n'ont pas voulu dresser d'acte sous seing privé, ilsrestent en dehors des règles de cet acte, et leurs lettres leur serviront de commencement de preuve par écrit aux deux conditions de l'art. 1347, c'est-à-dire si elles émanent de celui auquel on les oppose et si elles rendent le fait allégué vraisemblable, afin d'être admis à prouver l'obligation par le témoignage (Cass. 26 janvier 1842 .

III. — Quel doit être le nombre des originaux? L'art. 1325 répond « autant qu'il y a de parties » ayant un intérêt distinct, » et il détermine sa pensée en ajoutant immédiatement : « Il suffit

» d'un original pour toutes les personnes ayant le » même intérêt. » Le projet primitif du Code portait *intérêt particulier* au lieu de *intérêt distinct*, et c'est sur l'observation du Tribunat que la première formule était trop vague, qu'on lui a subsistué la seconde qui a passé dans la rédaction définitive. Le nombre des originaux ne répondra pas toujours exactement à celui des contractants.

« Quand la convention synallagmatique est » faite entre plus de deux personnes, on ne doit » considérer comme parties ayant un intérêt dis- » tinct, que celles auxquelles la convention im- » pose, par elle-même et dès l'origine, des obli- » gations réciproques les unes à l'égard des au- » tres. » (Zach., VI, pag. 382.) Quand deux personnes sont obligées l'une envers l'autre et peuvent agir réciproquement l'une contre l'autre, il y a deux intérêts en présence et chacune doit avoir en main la preuve de ses droits et le moyen de les faire valoir ; si au lieu de deux personnes nous en supposons un plus grand nombre, chacune peut figurer au contrat à un titre différent qui fait comme un réseau d'obligations dont le nœud est la convention ; chaque partie a un intérêt *distinct* de celui des autres et doit avoir un original de l'acte sous seing privé. Mais si plusieurs de ces personnes ne peuvent agir l'une contre l'autre que par une suite, une conséquence de la convention, qui, considérée dans son caractère bilatéral et primitif, n'engendre pas entre elles d'obligations réciproques, on dira qu'elles ont un intérêt commun, le même intérêt, pour employer les termes de la loi. Le fait qu'une opération amène plus tard des actions en recours, en indemnité, en partage, etc., ne suffit pas pour détruire la communauté d'intérêt. La définition que nous empruntons à Zachariæ est le meilleur criterium pour reconnaître quand il y aura lieu de rédiger plus de deux originaux, et comme ce savant le remarque quelques lignes plus bas, l'expression : *ayant le même interêt* doit s'entendre *secundum subjectam materiam*. Quelques exmples suffiront à dissiper toute obscurité. Deux propriétaires vendent la même chose à un acquéreur; si les deux covendeurs vendent conjointement et ensemble la chose entière, ils n'ont qu'un même intérêt; mais vendent-ils séparément leur chose chacun pour sa part, leurs intérêts sont différents et chacun doit avoir un original.

Un acte de partage doit être fait en autant de doubles qu'il y a de cohéritiers ; car si tous les cohéritiers traitant avec un tiers n'ont qu'un même intérêt, traitant entre eux, ils établissent par le partage leurs droits, et c'est en vertu de l'acte de partage qu'ils agiront les uns contre les autres.

Nous dirons la même chose pour les coassociés. Autrefois on se demandait si l'acte de constitution d'une société en commandite devait être dressé en autant d'originaux qu'il y avait de sociétaires, ou bien s'il suffisait d'un original pour les gérants responsables et d'un second pour tous les commanditaires. La Cour de cassation (25 décembre 1830) a décidé que dans la constitution de cette société il n'y avait que deux intérêts distincts, celui des gérants et celui des autres associés; deux originaux étaient donc suffisants. Aujourd'hui, la question est tranchée par la loi du 29 juillet 1867, dont l'art. 1, dernier alinéa, « porte : L'acte sous seing privé, quel que soit le » nombre des associés, sera fait en double ori- » ginal.... » Par mesure de précaution et pour sauvegarder tous les intérêts, cet article décide qui sera le dépositaire de ces originaux ; l'un sera annexé à l'acte notarié qui constate la souscription et les versements, l'autre reste déposé au siége social. Tous les actionnaires ont ainsi l'acte à leur disposition.

Un seul original pour toutes les parties ayant le même intérêt peut amener un grave inconvénient. Le dépositaire de l'acte peut être infidèle, on peut le corrompre pour faire disparaître l'écrit; mais c'est un mal auquel n'a pas paré l'art. 1325, et c'est aux parties à prendre leurs précautions ou à choisir un mandataire sûr pour se prémunir contre pareils accidents.

Chacun des originaux doit être un titre suffisant pour la partie à laquelle il est remis ; aussi doit-il être signé et contenir la mention qu'il a été fait double. Nous avons déjà dit que le possesseur d'un acte sous seing privé peut ne pas signer le titre qu'il a entre les mains par cette raison que sa signature ne l'obligerait pas et que le titre joue le rôle vis-à-vis de lui d'un acte constatant l'obligation de son créancier; c'est ainsi que l'ont envisagé les cours de Bordeaux (16 décembre 1844) et de Nancy (23 juin 1849). Ce défaut de signature de la part du détenteur de l'acte peut amener des difficultés pratiques. Que ce détenteur meure et que ses héritiers poursuivent contre l'autre contractant les droits de leur auteur, ce contractant pourra repousser la prétention en disant : l'acte que vous produisez n'est qu'un simple projet que j'ai accepté, il est vrai, mais sous la condition de l'acceptation aussi de votre auteur, et vous ne me représentez pas la preuve de son consentement. Cette fin de non-recevoir ne serait pas admissible, croyons-nous : l'acte est régulier au point de vue des formalités imposées par la loi; la présence de cet aveu signé du débiteur entre les mains du créancier ne peut guère s'expliquer que par la perfection de la convention.

Quant à la mention du nombre des originaux, elle doit exister sur chacun d'eux, mais dans quels termes? De bons auteurs veulent s'en tenir à la lettre de la loi qui dit : « Chaque original » doit contenir la mention du *nombre* des origi- » naux qui ont été faits », et dans l'alinéa suivant : « ... le défaut de mention que les originaux » ont été faits *doubles*, *triples*, » etc., et annuler les actes qui porteraient cette mention : fait en autant d'originaux qu'il y a de parties contractantes. La pratique adopte et se contente de cette dernière formule ; elle remplit l'esprit de la loi et permet de se rendre compte du chiffre exact des doubles, puisque l'acte énonce les contractants. La mention du chiffre des originaux ne donne aucune garantie de plus, ne prévient pas même la fraude ou la surprise, et dans une matière déjà si féconde en nullités pour vices de forme, il ne faut pas sans motifs sérieux en étendre le cercle dejà si grand.

Mais cette mention doit être faite sur tous les originaux sans exception ; l'omission sur un seul rend nul tous les autres, à moins que toutefois tous les originaux soient représentés (le Parlement de Paris en aurait autrement décidé) ou que la nullité soit couverte par un des moyens que nous avons indiqués plus haut. Un arrêt de la Cour de Grenoble (8 avril 1829) décide qu'on ne saurait opposer le défaut de mention quand on représente tous les originaux et donne cette excellente raison : « Attendu que les consorts » Engilberge, produisant une des minutes des » conventions intervenues entre eux et les époux » Dameyne, reconnaissent par là l'avoir en leur » pouvoir ; — que ne pouvant prétexter l'ignorance des clauses qui y sont contenues, ils ne » sont pas recevables à opposer la disposition de » l'art. 1325 ; — etc. ; »

S'il est permis de prouver que la mention : fait en double ou triple original est mensongère, on n'est pas admis à établir, même avec un commencement de preuve par écrit, que l'acte qui ne contient pas cette mention a néanmoins été rédigé en nombre d'originaux voulus par l'article 1325. Il y a là un vice de forme impossible à couvrir de cette manière.

IV. — Les conséquences du défaut de doubles ou du défaut de mention de cette formalité sur chaque original d'un acte sous seing privé constatant une convention synallagmatique ne peuvent porter atteinte qu'à l'acte lui-même sans influer de quelque manière que ce soit sur la convention. C'est par une confusion étrange entre l'obligation et sa preuve que le Parlement de Paris en 1736 avait décidé que l'acte sous seing privé nul en la forme rendait nulle aussi la convention ; le souvenir de cette doctrine erronée s'est fait sentir dans un arrêt de la Cour de Paris (27 nov. 1811) qui soutient que l'art. 1325 a consacré l'ancienne jurisprudence ; mais on est revenu sur cette fausse interprétation, et il est incontesté aujourd'hui que l'art. 1325 n'a trait qu'à la preuve des obligations, et que si l'acte sous seing privé ne peut pas faire foi du contrat, les parties ont à leur disposition tous les modes de preuves reconnus par la loi pour établir la réalité de la convention.

Si cependant les contractants avaient stipulé que la validité de l'obligation dépendra de la rédaction d'un écrit régulier et valable, le vice de forme de l'acte sous seing privé entraînera la nullité de la convention ; en effet, son existence était subordonnée à une condition qui, ne se réalisant pas, l'empêche de naître ; c'est bien le cas de dire qu'ici l'acte sous seing privé non fait double n'est qu'un simple projet, caractère qui est affirmé dans la teneur de l'acte.

La convention existant indépendamment de l'acte irrégulier qui la constate et le vice de forme ne portant que sur la force probante de l'*instrumentum*, faudra-t-il dire que cette force probante sera détruite si complétement que l'acte irrégulier soit considéré comme n'existant pas, ou bien ne sera-t-il pas plus raisonnable de décider que l'inobservation des formalités ne détruit que la *pleine* foi due à l'acte, lui laissant assez d'autorité pour servir de commencement de preuve par écrit afin de pouvoir administrer la preuve testimoniale aux termes de l'art. 1347?

Cette question est fort controversée en doctrine et en jurisprudence. L'art. 1347 ne regarde un titre comme formant commencement de preuve par écrit qu'autant qu'il réunit ces deux conditions :

1° Émaner de celui contre lequel la demande est formée ;

2° Rendre vraisemblable le fait allégué.

Qu'un acte sous seing privé auquel il ne manque pour sa régularité parfaite que la rédaction en plusieurs originaux ou la mention de cette rédaction, remplisse la première condition, cela ne fait aucun doute, et la division des auteurs n'a lieu que sur la seconde condition.

La négative n'admet pas que l'acte vicié rende le fait allégué vraisemblable. Comment supposer, en effet, que si la convention se fût formée, chaque partie ne se soit pas réservé le moyen de contraindre l'autre à l'exécuter? La loi a édicté l'art. 1325 pour que chaque contractant ait une situation égale devant la justice, et cette égalité judiciaire n'existant pas, le possesseur de l'unique original n'a entre les mains qu'une lettre morte.

On appuie ce raisonnement par l'idée, que nous avons écartée plus haut, à savoir que le législateur considère l'acte sous seing privé non fait double comme un simple projet.

Et, ajoute-t-on encore, qui ne voit qu'admettre cet acte sous seing privé comme commencement de preuve par écrit c'est rendre souvent illusoires les prescriptions de l'art. 1325? car le plus fréquemment ce titre sera la seule preuve à invoquer, il déterminera la conviction des juges, et la convention sera déclarée valable quoique prouvée par un acte vicié.

Malgré toutes ces raisons, nous croyons l'affirmative bien fondée et facile à justifier.

D'abord, cette inégalité judiciaire que le Code a en vue doit exister au point de vue de la preuve complète résultant d'un acte sous seing privé pour être celle qu'a prévue l'art. 1325, et c'est évidemment outre-passer la pensée du législateur que de dire comme Favard (Rép., act. s. s. p. S. II, § 2, n° 10) il ne faut pas qu'une partie puisse faire entendre des témoins quand l'autre ne le pourrait pas. Dans l'art. 1322 il est dit formellement qu'on va traiter de la *pleine foi* due à l'acte sous seing privé ; quant au plus ou moins d'autorité d'un écrit privé qui ne rentre dans aucuns des cas de notre paragraphe, c'est une question d'appréciation.

Si on insiste sur l'idée de simple projet, nous répondrons: Qu'y a-t-il de plus censé en voyant un acte signé des deux parties sans aucune réserve, ou de ne croire qu'à un simple projet d'une convention qui ne s'est pas réalisée ou bien de dire : Cette convention n'est pas prouvée, mais il est vraisemblable qu'elle existe ?

Reprocher à notre système de rendre presque illusoire l'art. 1325 n'est pas une objection sérieuse. Un juge peut former sa conviction sans être astreint à aucune règle de qualité ou de quantité de preuves ; nous n'en sommes plus à la maxime : *Testis unus, testis nullus*. Si l'acte vicié suffit au juge pour lui démontrer que la convention s'est formée, il n'y a pas violation de l'art. 1325 qui, ne réglant qu'une question de preuve, sans toucher en rien à la formation des contrats, a eu pour but unique de ne pas enchaîner la conviction du juge quand l'acte ne remplira pas les prescriptions imposées.

La négative offre une bizarrerie inexplicable: une lettre missive signée est un commencement de preuve par écrit, et on lui accordera plus de force qu'à un acte sous seing privé irrégulier. Un exemple montrera encore mieux cette anomalie.

Je reçois une lettre par laquelle quelqu'un me dit : Je vous achète telle propriété moyennant mille francs, et je réponds immédiatement : J'accepte votre offre et mon champ est vôtre ; vous me paierez le prix de mille francs dans six mois. L'acheteur ne peut par mon fait exercer son droit de propriété que je lui dénie et il m'actionne pour me forcer à exécuter mes engagements : la première pièce qu'il produira sera ma lettre, et en vertu de l'art. 1347, il a un commencement de preuve par écrit suffisant pour être admis à faire entendre des témoins. Mais si cet acheteur par une mesure d'ordre et de précaution dont on ne peut que le louer, met de sa main son nom au bas de cette lettre, celle-ci devient un acte sous seing privé qui, dans le système de la négative étant irrégulier dans le sens de l'art. 1325, ne pourra servir de commencement de preuve par écrit.

On oublie encore dans le système de la négative que la vraisemblance est une question laissée par le droit commun à l'appréciation des tribunaux, et nous devons y rester dans le cas présent, la loi n'y ayant fait aucune dérogation.

SECTION III.

Formalités spéciales à l'acte sous seing privé constatant des engagements unilatéraux.

Après avoir parlé des conventions synallagmatiques, la loi s'occupe dans les deux articles suivants des engagements unilatéraux. L'art. 1326 édicte des règles dont l'observation donnera la pleine foi aux actes sous seing privé constatant des conventions unilatérales, et l'art. 1327 tranche une question d'interprétation ; en dehors des termes de ces articles il est une question dont nous nous occuperons à la fin de cette section ; à savoir, de la nécessité de mentionner la cause de l'obligation dans l'acte sous seing privé.

I. Comme l'art. 1325, l'art. 1326 a son origine dans l'ancien droit; mais au lieu de consacrer la jurisprudence de certains parlements, le Code reproduit le principe de deux monuments législatifs : la déclaration du 30 juillet 1730 et celle du 22 septembre 1733. Ces dispositions ont été nécessitées par les fréquents abus de blanc seing. Le blanc seing est une signature privée au-dessus de laquelle on laisse plus ou moins de papier blanc, suivant l'acte auquel on veut que la signature corresponde. Il arrivait souvent qu'un individu surprît la signature d'une autre personne et au-dessus écrivît lui-même telle reconnaissance, telle promesse de faire, etc.; que bon lui semblait; et c'est pour remédier à ce grave inconvénient que la déclaration de 1733 déclare « nuls les billets qui ne seraient » pas écrits, ou du moins approuvés de la main de » celui qui paraîtrait les avoir signés. » Telle est la règle générale reproduite dans l'art. 1326, règle qui dans l'une et l'autre législation admet des exceptions que nous étudierons dans un autre paragraphe.

Ce remède à des fraudes nombreuses qui consistaient, soit à altérer le contenu d'un acte, soit à ne pas remplir les intervalles laissés en blanc selon l'intention du signataire, soit à abuser d'une signature complétement en blanc, ne touche en aucune façon à la validité du blanc seing. Notre ancienne jurisprudence hésitait et souvent se refusait à valider un acte, quand la signature en avait précédé la rédaction; aujourd'hui, il faut décider que le blanc seing est valable. On a beau objecter que chacun doit connaître la nature et la force de son engagement, que le blanc seing est dangereux; notre législation le reconnaît implicitement puisqu'elle en punit l'abus (art. 407. Cod. Pén.) Suivant cet article, il faut distinguer entre le cas où le blanc seing aura été *confié* à celui même qui écrit au-dessus autre chose que ce qu'il avait mission d'écrire et le cas où cette écriture aura été faite par une personne à qui le blanc seing n'a pas été rémis ; dans la première hypothèse il y a un simple délit qualifié par la loi d'abus de blanc seing, et dans la seconde il y a un crime, crime de faux.

Ce qui constitue l'abus de blanc seing n'est pas l'abus d'une signature mise *seule* sur une feuille de papier; un acte peut être rédigé à l'avance et signé; mais l'obligé aura laissé quelques lignes en blanc à remplir suivant ses indications ultérieures, la personne qui remplira ces intervalles de telle sorte que la nature et la destination de l'acte en soient altérées commettra ou le délit ou le crime de l'art. 407 (Cod. pén.)

La remise d'un blanc seing pour une affaire excédant 150 francs ne peut se prouver par témoins, elle est un fait parfaitement licite dont on peut facilement se procurer une preuve écrite. (Cass., 18 janvier et 5 mai 1831).

Notre article 1326, en reproduisant la déclaration de 1733, a étendu son cadre; tandis que cette dernière ne vise que les billets causés pour valeur en argent, l'art. 1326 embrasse tous ces billets, de plus les promesses, et s'applique aux engagements unilatéraux de payer une somme d'argent ou une *chose appréciable*; il modifie encore la déclaration en ce qu'il ne déclare pas nuls les actes où ses prescriptions seraient omises.

Art. 1326. « Le billet ou la promesse sous » seing privé par lequel une seule partie s'engage » envers l'autre à lui payer une somme d'argent » ou une chose appréciable, doit être écrit en » entier de la main de celui qui le souscrit; ou » du moins il faut qu'outre sa signature, il ait » écrit de sa main un *bon* ou un *approuvé*, portant en toutes lettres la somme ou la quantité » de la chose; — excepté dans le cas où l'acte » émane de marchands, artisans, laboureurs, » vignerons, gens de journée et de service. »

Cet article laisse à celui qui s'oblige le choix, ou d'écrire lui-même le contenu de l'acte, ou de le signer en ajoutant : *approuvé* ou *bon pour tant de francs*, et, dans ce dernier cas, la somme doit être écrite en toutes lettres. L'altération d'un chiffre surtout isolé ou la possibilité d'en ajouter d'autres sont choses si faciles qu'elles expliquent suffisamment la précaution imposée par la loi. Mais si le débiteur a écrit de sa main l'acte en entier, devra-t-il aussi exprimer en toutes lettres la somme ou la quantité de la chose? Pour soutenir que oui, on argumente de la similitude de motifs et des fraudes à prévenir dans l'un et l'autre cas; le danger d'une altération et surtout d'une addition de chiffres nous paraît moindre quand ces chiffres font corps avec l'écriture, et pour adopter la négative, il y a cette raison que l'art. 1326 est exorbitant du droit commun, que ses dispositions doivent alors être interprétées *stricto sensu*, sans en étendre la portée et que, par conséquent, la mention en toutes lettres n'étant édictée que pour les approuvé ou les bon pour... il ne faut pas appliquer cette décision quand le corps de l'acte est de la main du signataire.

Ces expressions : *approuvé* ou *bon pour*, quoique indiquées par la loi, ne sont pas sacramentelles, elles peuvent être remplacées par d'autres équivalentes; cette faculté va si loin qu'elle permet de les écrire en langue étrangère, en langue même différente du billet. Quant à la place qu'elles doivent occuper, il n'y a rien de prescrit; suivant l'usage, elles précèdent immédiatement la signature, mais elles peuvent se trouver à toute autre place; du moment qu'elles y sont, la loi est observée. Il serait insuffisant de mettre seulement : *approuvé*, ou : *j'approuve l'écriture ci-*

dessus. Si l'approuvé ou le bon ne sont pas exprimés et que la signature soit accompagnée de la seule mention de la somme, comme par exemple : *mille francs — Paul*, je ne crois pas et contrairement à l'opinion de M. Larombière, que le vœu de la loi soit rempli et, quand même il le serait, les termes de l'art. 1326 sont trop formels en exigeant d'une part l'approuvé et d'autre part la mention en toutes lettres de la somme ou quantité pour décider que l'observation de la dernière formalité supplée à l'omission de la première.

Les deux articles 1325 et 1326 sont complétement étrangers l'un à l'autre, et de même que nous n'avons pas mentionné parmi les faits qui couvrent la nullité d'un acte sous seing privé non fait double en cas de convention synallagmatique, la circonstance que les parties auraient approuvé l'écriture et écrit en toutes lettres leurs obligations, de même on ne saurait dire que la rédaction en double du billet supplée à la formalité du bon ou approuvé. Ces deux articles sont puisés dans des considérations différentes ; ils s'occupent exclusivement, l'un des conventions synallagmatiques, l'autre des engagements unilatéraux, et il faut les laisser chacun dans leur sphère. Il est cependant un cas où les parties ont le choix entre l'art. 1325 et l'art. 1326; c'est celui d'une convention bilatérale quand un des obligés a si complétement exécuté sa part du contrat qu'il n'est plus tenu à rien; une seule obligation en effet subsiste, mais on peut s'en référer à l'art. 1325, car la convention était à son origine et de sa nature synallagmatique, ou observer l'art. 1326, puisqu'en fait, au moment de la rédaction de l'écrit, il n'y a qu'un seul obligé.

La somme ou la quantité énoncée au *bon* peut être différente, soit en plus, soit en moins, de celle qui est portée au corps de l'acte; l'art. 1327 donne la règle à suivre dans ce cas pour déterminer le montant de l'obligation : « Lorsque la » somme exprimée au corps de l'acte, dit-il, est » différente de celle exprimée au *bon*, l'obligation » est présumée n'être que de la somme moindre, » lors même que l'acte, ainsi que le *bon*, sont » écrits en entier de la main de celui qui s'est » obligé, à moins qu'il ne soit prouvé de quel » côté est l'erreur. » Cet article est une application d'une ancienne règle romaine que nous trouvons sanctionnée par l'art. 1162 de notre Code civil, à savoir que dans le doute le contrat s'interprète en faveur du débiteur.

Ainsi donc, que l'acte lui-même et le bon soient écrits tous deux par le signataire ou qu'il n'en ait écrit qu'un, s'il y a différence de quotité entre les deux, l'obligation sera de la somme la plus faible; mais cette présomption peut être ébranlée par la preuve contraire, la loi nous le dit elle-même dans les derniers mots de l'article, et pour faire cette preuve, tous moyens sont recevables, car l'acte d'un côté et le bon de l'autre sont chacun commencement de preuve par écrit; aussi, les juges ont-ils la plus grande latitude pour se guider d'après les circonstances.

Une hypothèse délicate et non prévue par l'art. 1327 est celle où la différence porte, non sur la somme ou la quantité exprimée au corps de l'acte et dans le bon, mais sur les choses elles-mêmes, de telle sorte que l'obligation soit d'une certaine chose dans l'acte et d'une autre chose dans le bon. Il faudra résoudre cette difficulté d'après les principes généraux du droit. Tantôt on décidera qu'il y a obligation alternative dont le choix reste au débiteur; tantôt cette différence montrera que les parties n'ont pas été d'accord et aura ainsi une influence décisive sur la formation même du contrat.

Ces diversités et ces anomalies se rencontrent fort rarement dans la pratique.

II. — A quels actes s'applique l'art. 1326?

Ce sont les actes sous seing privé, billets ou promesses dans lesquels une *seule* partie s'engage envers l'autre à payer une somme d'argent ou une chose appréciable. Notre article ne régit donc pas tous les actes sous signature privée qui constatent des engagements unilatéraux, il en existe un certain nombre auxquels la loi accorde pleine foi indépendamment de la formalité de l'*approuvé* ou *bon pour*.

Examinons les caractères de l'acte auquel est appréciable l'art. 1326. *Billet* ou *promesse*, dit le texte; ces deux expressions indiquent toute l'étendue de la disposition, sous quelque forme que se présente le contrat, il tombe sous l'article 1326. *Une seule partie s'engage.* Ces termes indiquent clairement le contrat unilatéral. On s'est divisé à l'origine sur la portée de ces mots : *une seule partie.* Certains jurisconsultes ont prétendu que l'art. 1326 ne visait que le cas d'un seul obligé; ils appuyaient leur système sur ce fait qu'en cas de plusieurs obligés solidaires, conjoints, etc., les motifs et le but de la loi n'existaient plus; les fraudes, les surprises, les abus de blanc seing ne sont plus alors à craindre et la lettre de la loi vient aussi corroborer cette opinion. Mais cette interprétation ne peut être admise. Il est vrai que dans le cas de plusieurs copromettants, les abus de blanc seing seront plus difficiles, mais ils sont possibles, et la loi a eu pour but de les prévenir tous; d'un autre côté, les mots *une seule partie* s'entendent manifestement d'une obligation unilatérale; l'article précédent comprend sous cette dénomination plusieurs obligés; et rapprochant ces deux articles et les comparant à un autre point de vue on remarque que le premier s'occupe des contrats bilatéraux et que le second doit lui être opposé; cette opposition est marquée par ces seules expressions *une seule* partie, qui n'ont eu d'autre but que d'indiquer les engagements unilatéraux; il ne faut donc pas étendre leur signification au delà de la pensée du législateur. Cette question est du reste tranchée depuis longtemps en ce dernier sens. (Cass. 8 août 1815 — 6 mai 1816). Nous dirons donc que si plusieurs personnes se sont engagées solidairement ou conjointement, chacune d'elle devra remplir séparément la formalité de l'article 1326.

De payer une somme d'argent où une chose appréciable. Notre article va plus loin que la déclaration de 1733. Cette dernière ne s'appliquait « qu'aux billets causés pour valeur en argent ». Le remède que cette disposition apportait aux abus du blanc seing n'était pas suffisant, et le Code a étendu sa disposition aux billets ou promesses de payer une chose appréciable. La signification de ce dernier mot serait difficile à donner si l'art. 1326 ne venait lui-même à notre secours; à la fin de la phrase il exige la mention en toutes lettres de la *quantité* de la chose. Duranton (XIII, n° 170) n'admet pas l'explication du premier terme par le second; pour lui, notre disposition comprend toute espèce de billets ou de promesses, quelle qu'en soit la cause et quel qu'en soit l'objet. Mais Zachariæ et ses commentateurs, MM. Aubry et Rau (VI. page 289), soutiennent avec beaucoup plus de raison qu'il faut que les choses soient appréciables non en argent, mais se déterminent au poids, au compte ou à la mesure, et que l'expression *quantité* met hors de l'art. 1326 les contrats dont l'objet est une chose individuellement déterminée. Aussi est-ce une précaution inutile, cette habitude des hommes d'affaires de faire précéder la signature de leurs clients des mots : bon pour procuration.

Quelle que soit la forme de l'acte, quelle que soit sa nature, quelles que soient les circonstances dans lesquelles il est né, s'il contient une promesse unilatérale et s'il réunit les caractères que nous venons d'indiquer, il tombe sous l'application de l'art. 1326. Ainsi, si un contrat unilatéral revêt les apparences d'une convention synallagmatique, il faudra néanmoins lui appliquer l'art. 1326. (Bordeaux, 3 janvier 1832).

L'art. 1326 indique encore positivement, quoique cette explication soit contestée, que la quantité soit certaine ou déterminée au moment même de la souscription de l'acte. Ainsi, dans la promesse d'une valeur indéterminée pour atteindre un but, dans le cautionnement indéfini, il n'est pas nécessaire de remplir la formalité du *bon pour*. La Cour de cassation, saisie d'une question de ce genre, a adopté (1er mars 1853) la décision contraire à celle que nous donnons : « Attendu, dit-elle, que l'indétermination actuelle » de la dette ne crée pas une impossibilité de » satisfaire aux exigences de l'art. 1326, puis» qu'il est toujours possible à la partie qui s'o» blige, soit d'écrire l'acte en entier, soit, tout » au moins, d'exprimer dans un *bon* ou un *ap*» *prouvé* la nature de l'engagement qu'elle con» tracte. » La Cour de Paris, qui soutient la même doctrine, est moins exigeante ; il lui suffit « que » dans une forme quelconque le débiteur exprime » d'une manière explicite qu'il a connais» sance de la nature et de l'importance de l'obli-

» gation par lui contractée » (24 mai 1855).

Les raisons données par la jurisprudence sont faciles à réfuter. Nous n'insisterons pas sur la possibilité d'écrire l'acte en entier qui existe au cas d'un seul obligé, mais cesse d'être au cas de plusieurs co-obligés. Ce que nous contestons, c'est la possibilité de remplir la formalité de l'article 1326 selon l'esprit et la lettre de la loi. Nous avons déjà eu occasion de répéter que l'art. 1326 était exhorbitant du droit commun et que cette circonstance empêchait de l'étendre par analogie ou similitude à des cas qu'il n'a pas explicitement désignés. Or, que dit l'art. 1326? Que la somme ou la quantité de la chose doit être exprimée en *toutes lettres*, et cette obligation n'a de raison d'être qu'autant que cette quantité peut s'exprimer en chiffres. Ces mots : Bon pour cautionnement indéterminé, ne sont pas demandés par la loi; les exiger est créer une formalité d'après un argument d'analogie qui ne peut trouver place ici. L'esprit de la loi n'est pas violé par notre système. Le législateur a voulu prévenir les fraudes les plus fréquentes, et le remède que veut introduire la Cour de cassation n'empêche pas le mal. Si l'on veut abuser d'une signature, les mots: Bon pour cautionnement indéterminé, y mettront-ils obstacle? Personne ne soutiendra que je n'aie la facilité d'écrire au-dessus d'une telle mention telle obligation qu'il me plaira, pourvu que je n'en précise pas le montant. Notre opinion a été consacrée par la Cour d'Agen (9 novembre 1822), celle de Douai (25 novembre 1850), et celle de Montpellier (6 décembre 1865).

Une promesse unilatérale contenue dans un acte synallagmatique n'échappe pas à l'art. 1326; il faudra se conformer aux règles du double original et du bon pour.

Cet art. 1326 est applicable aux arrêtés de compte par lesquels on s'engage à payer le reliquat, aux actes de dépôt, aux constitutions de rente; à l'obligation accessoire aussi bien qu'à l'obligation principale.

L'art. 1326 dans son dernier alinéa excepte de sa disposition certaines personnes à cause de leur profession; nous réservons un paragraphe spécial à l'étude de ces exceptions, mais nous devons nous occuper ici de certains billets qui, à raison même de leur nature commerciale, restent en dehors des règles que nous venons d'étudier.

La lettre de change est un acte essentiellement commercial décrit par l'art. 110 du Code de commerce, où il n'est fait aucune mention du bon pour; et on s'accorde à regarder l'art. 1326 comme lui étant complétement étranger; mais pour cela faut-il encore que la lettre de change vaille comme telle et ne dégénère pas en simple promesse. Ainsi une femme ou une fille non marchande publique ne peut signer de lettre de change; si elle le fait, l'acte n'est qu'une simple promesse (art. 113. Cod. comm.), qui rentre dans les cas prévus par l'art. 1326.

Quant au billet à ordre, il faut faire une distinction suivant qu'il est ou non acte de commerce. Souscrit par un non-commerçant, il reste purement civil, justiciable des tribunaux civils ordinaires, et entre commerçants il se trouve hors de l'art. 1326 par application de l'exception faite en faveur des actes de commerce (Nougier, Lettre de change, I. P. 500).

Les effets de commerce se cautionnent par un acte spécial appelé *aval* et réglé par la loi commerciale. L'aval n'est pas soumis à la formalité du bon pour; quand il est donné sur une lettre de change même par un non-commerçant, il participe de la nature de l'acte principal; il faut en décider de même au cas d'aval donné sur un billet à ordre entre commerçants. Quoique contestée, cette décision est généralement acceptée aujourd'hui. Les art. 141 et 187 (Cod. comm.) déterminant, le premier la nature de l'aval, et le second les ressemblances entre le billet à ordre et la lettre de change, ne permettent pas de séparer les conditions et les effets de l'aval sur un billet à ordre commercial, des conditions et effets de l'aval sur une lettre de change, et nous devons dire qu'ici comme dans le premier cas, l'aval participe de la nature commerciale du titre. (Cass. 25 janvier 1814).

Néanmoins, l'aval même sur une lettre de change donné par une femme ou une fille non marchande publique est régi par l'art. 1326; l'art. 113 (Cod. comm.) est trop formel pour permettre une telle exception.

Les quittances restent évidemment en dehors de l'art. 1326: ses prescriptions ne regardent que les billets ou promesses de payer, et la quittance est tout le contraire, puisqu'elle constate la libération ou l'exécution d'un engagement.

III. Nous arrivons maintenant aux exceptions que l'art. 1326 introduit lui-même ; cet article se termine ainsi. « Excepté dans le cas où l'acte » émane de marchands, artisans, laboureurs, vi-» gnerons, gens de journée et de service. »

Ces exceptions se trouvent déjà dans la déclaration de 1733.

L'expression de marchands doit être entendue *lato sensu* et comprend les banquiers, manufacturiers, négociants. Les motifs de cette dispense de la formalité de l'art. 1326 sont résumés dans le rapport de Bigot-Préameneu : Il était sage de ne pas entraver « par des peines de nullité la marche » simple et rapide du commerce. » Cette dispense est attachée à la qualité personnelle du commerçant et il n'y a pas à s'inquiéter si les actes qu'il a souscrits sont faits ou non dans l'intérêt de son commerce; l'exception est générale et le commerçant ne pourra jamais opposer le défaut de bon pour dans les actes qu'il a signés.

Quant aux artisans, laboureurs, vignerons, gens de journée et de service, l'exception a été souvent critiquée. Ne sont-ce pas en effet ces personnes, dont l'éducation et le degré d'instruction sont moindres, qui sont plus exposées à des fraudes et à des surprises et qui ont un plus grand besoin de la protection spéciale de la loi. Mais le législateur, sachant que beaucoup de ces personnes ne savent qu'écrire leur nom, n'avait que ces deux partis à prendre, ou retourner au droit commun, ou imposer à ces personnes les frais, les longueurs d'un acte notarié : des motifs d'humanité lui ont fait rejeter cette seconde décision et il a préféré la première; mais on ne peut pas lui reprocher cette inconséquence, que nous appelons presque nécessaire et qui, suivant l'expression de Marcadé, découle de la nature même des choses.

Par *laboureurs*, *vignerons*, la loi entend ceux qui cultivent la terre, soit la leur, soit celle d'autrui, à titre de colons ou de fermiers, soit seuls, soit avec l'aide de leur famille, de domestiques ou de journaliers, pourvu qu'ils en tirent leurs moyens d'existence. Étendre le sens de cette exception à toute personne qui s'occupe des travaux des champs serait outre-passer la pensée de la loi. Il est grand nombre de personnes aisées, riches, occupant une haute position dans la société, dont l'occupation habituelle et unique est de faire valoir leurs domaines, de diriger elles-mêmes une exploitation agricole, l'exemple est très-fréquent dans les vignobles estimés du Bordelais et de la Bourgogne; ces personnes ne sont assurément pas des cultivateurs ou des vignerons, elles ne sont pas en contact direct avec la terre. Poser une limite bien nette est impossible et, quand la question se présentera, la détermination de la profession sera du ressort du pouvoir d'appréciation des tribunaux.

Le mot *artisans* peut aussi être l'objet de l'appréciation du juge, il est quelquefois difficile de distinguer l'artisan de l'artiste.

Quant aux gens de journée et de service, ces termes sont par eux-mêmes assez clairs pour n'avoir besoin d'aucune explication.

La femme d'un marchand ne peut pas profiter à cause de la profession de son mari de l'exception de l'art. 1326. Elle n'est pas marchande publique quandbien même elle détaille les marchandises et aide son mari dans son négoce; l'art. 113 (Cod. comm.) ne cesse pas de lui être applicable; la lettre de change qu'elle souscrit n'est qu'une simple promesse, et quand même elle cautionnerait une lettre de change de son mari, elle est tenue de mettre un bon pour à côté de sa signature. La Cour de Douaï (16 avril 1813) en a décidé autrement, se fondant sur ce que la femme suit la condition de son mari; étrange application dans notre matière d'un axiome qui n'est vrai que pour la nationalité. Nous ne croyons pas, malgré l'avis de la Cour de cassation (9 décembre 1839) que les femmes de laboureurs, vignerons, artisans, etc., puissent se dispenser de la formalité du bon ; le législateur a bien pu ne pas présumer plus d'instruction chez la femme que chez le mari: mais il ne l'a pas dit, et son silence nous fournit un argument. Dans la vie ordinaire, il sera rare que les femmes des laboureurs, vignerons, etc., n'exercent pas la même profession que leur mari; mais nous sommes intimement convaincu que la loi n'a introduit ses exceptions que pour la profession personnelle et incommunicable. Ceux qui veulent que la femme d'un laboureur soit comprise dans l'exception de l'art. 1326 à cause de la profession de son mari, admettront-ils que le mari d'une femme laboureur soit dispensé de la formalité du bon en considération de la profession de sa femme ? Il n'y a cependant aucun motif de distinguer entre les deux hypothèses; les présomptions du législateur ont autant de raison d'être dans l'une et dans l'autre.

Pour savoir si la formalité du bon pour doit être remplie, il faut se reporter à l'époque de la signature du billet et examiner quelle était à ce moment la profession du signataire; si ce dernier n'était plus ou n'était pas encore laboureur, vigneron, commerçant, etc., il est tenu de mettre un bon pour, sans qu'on soit admis à lui opposer sa qualité antérieure ou postérieure. Et ce point universellement admis nous confirme davantage encore dans notre opinion qui veut restreindre au mari l'exception de l'art. 1326. Si l'exception n'est pas perpétuelle sur la tête de la même personne, si le législateur présume moins instruit un homme quand il est artisan qu'au temps où il ne l'était pas encore, comment admettre que cette exception est communicable à sa femme qui ne l'a pas de son chef ?

Dans le cas de plusieurs souscripteurs d'un billet ou d'une promesse, si les uns rentrent dans la règle générale et que les autres soient dans l'exception de l'art. 1326, chacun doit agir comme s'il était seul souscripteur, sans que les prescriptions auxquelles il doit se conformer soient modifiées par la présence de ses coobligés; ainsi, le marchand restera dispensé du bon et la personne ordinaire en sera tenue, et si cette dernière n'écrit pas le bon pour, le vice dont l'acte est entaché ne profite qu'à elle seule sans rejaillir sur ses coobligés.

Remarquons en terminant ces observations que la loi s'attache, non au degré d'instruction de la personne, mais seulement à la profession qu'elle exerce; néanmoins, une personne du nombre de celles désignées dans la fin de l'art. 1326 ne pourrait se dispenser des formalités édictées au commencement de cet article si elle signait des actes comme fonctionnaire public; ainsi un maire, ou un adjoint laboureur signant pour engager sa commune doit accompagner son nom d'un approuvé ou d'un bon pour avec mention en toutes lettres de la quantité ou de la somme due.

IV. — Nous répétons ici sur les conséquences du défaut de bon ou approuvé ce que nous avons déjà dit sur la même question à propos des formalités de l'art. 1325. Notre paragraphe s'occupe de la preuve des obligations, il énumère les conditions sous lesquelles un acte sous seing privé doit enchaîner la décision du juge ; une de ces conditions manque-t-elle, le juge redevient maître de former sa conviction d'après les modes permis par la loi; quant à la convention, elle n'est en rien changée; seulement elle n'est pas prouvée; ainsi donc un engagement unilatéral signé seulement du débiteur subsiste comme contrat et le titre est insuffisant à en faire pleine foi, et le créancier conserve tous les moyens légaux, l'aveu, le serment, l'interrogatoire sur faits et articles pour établir que réellement le contrat existe.

L'art. 1326 va moins loin dans ses termes que la déclaration de 1733, il ne déclare pas nul l'acte irrégulier et nous retrouvons encore la même question que sous l'art. 1325 : cet acte irrégulier peut-il servir de commencement de preuve par écrit pour administrer la preuve testimoniale?

La négative, qui aujourd'hui n'a plus ou du moins n'a que fort peu de partisans, était autrefois soutenue; on raisonnait en se fondant sur les termes impératifs de la loi : *le billet doit,... il faut...*; on ne comprenait pas que la nullité ne fût pas la sanction d'une règle exprimée d'une manière aussi absolue. On ajoutait comme considération déterminante que le législateur présumait frauduleux l'acte revêtu de la seule signature du débiteur.

Ces motifs ne résistent pas à un examen attentif; l'insuffisance de preuve est la seule sanction de l'omission de bon pour, il ne faut pas en chercher d'autre; quant à la présomption de fraude, elle est inadmissible, elle n'est écrite nulle part, et ce n'est pas parce que le Code a posé un remède contre des fraudes possibles qu'il a entendu dire que l'absence des mesures prescrites établit une présomption d'abus de blanc-seing ou de toute autre surprise. Cet acte signé remplit les deux conditions de l'art. 1347; il émane du débiteur et rend le fait allégué vraisemblable, il peut servir de commencement de preuve par écrit. La fraude dans ce système n'est pas assurée de réussir; les juges ont un pouvoir d'appréciation dont ils useront pour sauvegarder les intérêts du débiteur.

L'art. 1326 ne donne aucun moyen de couvrir le vice de forme résultant de l'omission du bon pour. En l'absence de toute disposition, nous ne devons pas transporter dans notre matière la règle de l'art. 1325. L'exécution partielle de la part du débiteur ne couvre pas l'irrégularité du titre; cette exécution ne détermine pas le montant de la dette : quant à l'exécution totale, elle est suffisante pour purger le vice de forme.

Le droit d'opposer le vice d'un acte unilatéral qui ne contient pas le bon pour ne se prescrit pas par 10 ans (art. 1304). C'est un droit d'exception que le débiteur ne peut faire valoir que quand il est actionné, et il serait trop à la merci du créancier, si, par une antidate du titre ou une inaction prolongée, il se trouvait déchu d'un droit de protection introduit en sa faveur.

V. — La mention de la cause est-elle nécessaire dans un acte ? Remarquons que cette question ne peut se poser que dans le cas d'engagement unilatéral, car dans les conventions synallagmatiques la cause d'une obligation étant l'obligation de l'autre partie, elle sera nécessairement exprimée. Depuis longtemps même, dans notre ancienne jurisprudence, l'omission de la cause dans les actes n'a aucune influence sur la validité de la convention, les témoignages de Beaumanoir, Boiceau, Loysel, nous l'affirment, et il est évident que sur ce point le Code ne pouvait que consacrer notre ancien droit. Ce qui aujourd'hui est l'objet d'une grande controverse est la question de savoir qui du débiteur ou du creancier devra prouver la cause quand elle n'est pas exprimée dans le corps de l'acte qui constate l'obligation.

Une première opinion met le fardeau de la preuve à la charge du créancier. Avant d'exposer les arguments qu'elle fait valoir, disons que ses partisans se divisent; les uns distinguent entre le cas où le billet est ainsi conçu : *je payerai... je promets de payer...* et cette autre formule : *je reconnais devoir...*, soutenant que la première rédaction est non causée et que la seconde l'est suffisamment. Nous n'apercevons pas quelle différence on peut faire entre ces deux phrases : si la seconde est causée, la première l'est tout autant, car on ne saurait imaginer une promesse de payer sans la reconnaissance de la dette. Cette divergence ne porte pas sur le fond du système, et les raisons sur lesquelles on fonde cette opinion sont les mêmes de part et d'autre. On invoque d'abord l'autorité de la tradition, qui remonte si loin que déjà dans le droit romain l'exception *non numeratæ pecuniæ* mettait la preuve de la numération des espèces à la charge du créancier. En second lieu, ce système arrête certaines fraudes ; il est équitable, puisque le débiteur n'est pas dans la nécessité de prouver un fait négatif, chose si difficile qu'elle devient souvent impossible. Enfin, comme dernier argument, celui qui a déterminé Zachariæ, ses commentateurs MM. Aubry et Rau (t. III, pag. 222, note 17) et Favard (Rép., v° Convention, sect. II, § 4, n° 1), ont dit : La cause n'est pas présumée légitime ou existante par ce seul fait que l'obligé est majeur; l'art. 1315 est décisif, c'est à celui qui réclame l'exécution d'une obligation à la prouver; l'existence de l'obligation dépend de l'existence de la cause, et le créancier n'aura pas une preuve complète tant qu'il n'aura pas prouvé cette cause.

Ces raisons ne nous paraissent pas décisives, et nous croyons au contraire que la preuve de la cause fausse ou non existante ou nulle incombe au débiteur. On nous oppose à tort l'autorité du droit romain, il ne nous régit plus et quand même il avait introduit l'exception *non numeratæ pecuniæ*, parce qu'il présumait la fraude et non contre les billets qui ne mentionnaient pas de cause. Les fraudes sont tout aussi faciles dans le premier système que dans le nôtre : celui qui par surprise met sa signature au bas d'un engagement la mettra tout aussi bien si la cause est exprimée. Quant à la preuve du fait négatif à faire par le débiteur, l'impossibilité n'existe pas; ce dernier aura deux ressources, ou de sommer le créancier d'indiquer la cause, ou de dire lui-même par suite de quelles circonstances il a été amené à signer à l'acte; il y a là un fait qui demande à être expliqué. Qui prouve contre le débiteur et qui mieux que lui est capable de démontrer la surprise, l'erreur ou la plaisanterie? A l'argument de texte nous en opposons un autre. L'art. 1132 dit : « La convention » n'est pas moins valable, quoique la cause n'en » soit pas exprimée. » Le sens de cette phrase est vague et obscur, on peut l'interpréter de double manière ; ou bien il signifie que la convention existe indépendamment de toute mention dans le texte du titre, ou bien il veut dire que le titre non causé conserve toute sa force probante. La première interprétation n'est pas admissible; car on n'a jamais contesté que la validité de la convention fût indépendante de la validité du titre, et en second lieu c'est supposer bien gratuitement le législateur assez naïf pour redire un principe fort connu et des plus incontestés.

La seconde signification est la seule vraie. Quelle en effet a été l'intention de la loi en faisant l'art. 1132? Nos contradicteurs, MM. Aubry et Rau, reconnaissent que c'était pour faire cesser la controverse sur le point de savoir si le défaut de mention de la cause viciait le billet ; cette intention résulte des travaux préparatoires et notamment de la discussion au Conseil d'État (Malleville, III, pag. 34). Le second sens est seul capable de trancher cette question de l'ancien droit ; le premier la laisse au contraire tout entière. Et alors si le billet a toute sa force probante, le rôle du créancier est terminé, et le débiteur doit prouver ce qu'il avance ; il rentre dans la règle générale : *reus excipiendo fit actor.*

L'argument tiré de l'art. 1315 subsiste toujours, nous dit-on, mais pour le détruire il suffit de le combiner avec l'art. 1108. Dans ce dernier, on énumère les quatre conditions essentielles à la validité d'une convention : le consentement, la capacité, un objet et une cause ; la cause y est mise sur la même ligne que les trois autres, les règles pour la prouver sont les mêmes que pour prouver les trois premières, et si on lui applique l'art. 1315, il faut l'appliquer aussi au consentement, à la capacité et à l'objet.

Remarquons la bizarrerie du premier système : Un débiteur est actionné en vertu d'un billet non causé qu'il a signé, auquel il a ajouté le bon pour dans les cas où l'art. 1326 le demande, il repousse la prétention du créancier en disant : J'ai signé sans but, sans motif, sans savoir pourquoi, par distraction, par plaisanterie, prouvez que j'ai eu une raison de m'engager. M. Demante qualifie cela d'invraisemblable, il dit que cela tient de la folie, et c'est au créancier à prouver que l'invraisemblance n'existe pas ; c'est dire que l'invraisemblance se présume (1).

(1) Cette question ne peut se poser à propos des lettres de

Quoique l'art. 1318 soit en dehors de notre paragraphe, sa disposition a soulevé une question qui touche de très-près aux actes sous signature privée. Cet article porte : « L'acte qui n'est » point authentique par l'incompétence ou l'in- » capacité de l'officier, ou par un défaut de forme, » vaut comme écriture privée, s'il a été signé des » parties. » Nous ne nous occuperons pas de quelle incompétence, incapacité ou défaut de forme la loi a entendu parler, et nous nous demanderons seulement si les actes irréguliers dont parle l'art. 1318, qui sont nuls comme authentiques, ont tous les effets que l'art. 1322 accorde aux actes sous seing privé, quoiqu'ils ne remplissent pas les conditions imposées par les art. 1325 et 1326, dans les cas où ils y seraient soumis.

Il est bien évident que cet article est étranger aux contrats pour la perfection desquels il faut un acte authentique, tels que la donation, le contrat de mariage.

Nous pensons, quoique le contraire ait été soutenu, que l'acte authentique, nul dans le cas de l'art. 1318, a toute la force probante d'un acte sous seing privé, à la seule condition d'être signé des parties, sans être astreint aux prescriptions des art. 1325 et 1326. Nous avons pour nous le texte de la loi, et les explications qui ont été données au Conseil d'État lors de la discussion (Malleville, III, pag. 143).

change ou billets à ordre, les art. 110 et 188 (Code comm.) veulent que la cause y soit exprimée.

Comment aussi supposer que les parties qui vont trouver un notaire rempliront concurremment les formalités de l'acte authentique et celles de l'acte sous seing privé? Et l'exiger serait ne vouloir jamais appliquer l'art. 1318 ; on ne saurait qualifier le fait de faire une loi pour ne pas l'appliquer.

Dans l'opinion contraire, cet article devient encore inutile, car un acte nul comme authentique, s'il est signé des parties et fait en double original ou avec le bon pour, serait évidemment valable comme acte sous seing privé indépendamment de toute disposition législative. Il n'est pas raisonnable de supposer une loi sans utilité.

Ajoutons encore que les motifs déterminants des art. 1325 et 1326 ne se rencontrent pas ici. Suppression de l'acte, une partie à la merci de l'autre, les surprises et abus de blanc seing sont tout aussi, et je dirais même plus difficiles que dans un acte sous seing privé fait en double ou portant le bon pour, avec la mention en toutes lettres.

CHAPITRE II.

DES ÉCRITURES PRIVÉES NON SIGNÉES.

Dans le chapitre précédent, nous avons vu que la signature était la condition essentielle à la validité et à la foi des actes que nous avons étudiés.

Le législateur a cru reconnaîre dans certaines circonstances qu'une écriture privée, quoique non signée, pouvait faire preuve d'une obligation ou d'une libération, et dans les art. 1329 à 1332 (Cod. civ.), il a déterminé à quels écrits, comment et sous quelles conditions il fallait ajouter foi.

Nous suivrons l'ordre de la loi et la division qu'elle indique elle-même en parlant :

1° Des livres des marchands ;

2° Des registres et papiers domestiques ;

3° De l'écriture mise par le créancier sur le titre.

SECTION I.

Des livres des marchands.

Les articles 1329 et 1330 résument cette matière; ils disent, art. 1329 : « Les registres des

» marchands ne font point, contre les personnes » non marchandes, preuve des fournitures qui y » sont portées, sauf ce qui sera dit à l'égard du » serment. »

Art. 1330. « Les livres des marchands font » preuve contre eux ; mais celui qui veut en tirer » avantage, ne peut les diviser en ce qu'ils con- » tiennent de contraire à sa prétention. »

L'autorité que le législateur accorde aux livres de commerce puise ses motifs dans la réglementation spéciale dont ils sont l'objet au Code de commerce. Chaque marchand est tenu d'avoir un livre coté, paraphé et visé par un juge au tribunal de commerce, ou par le maire ou l'adjoint de sa commune, d'y inscrire toutes ses opérations jusqu'aux dépenses de sa maison, et de le conserver pendant dix ans (art. 8-11 Cod. comm.). La sanction de ces formalités est terrible, ne pas les remplir est s'exposer à être déclaré même banqueroutier frauduleux et à être condamné aux travaux forcés à temps (art. 586 et 591 Cod. comm., art. 402. Cod. pén.). Il y a là une garantie de sincérité que le législateur a reconnue et qui existe quoique les inscriptions de ces livres émanent de tout autre que du marchand, tel que son caissier, un de ses employés, etc.

L'égalité des parties devant la preuve a déterminé le législateur à faire une différence entre la foi due aux livres de commerce entre marchands et celle qui leur est due vis-à-vis des particuliers ; les premiers sont assujettis aux mêmes prescriptions sur la tenue des livres, et leurs registres se contrôlent mutuellement, le particulier, au contraire, ne peut produire aucun registre qui fasse foi en sa faveur ; il eût été sans la distinction de la loi dans une situation inférieure.

I. — *Foi des livres entre marchands.* — Les tribunaux de commerce ne sont pas obligés d'accorder foi entière aux livres des marchands, ils peuvent même ne pas les consulter ; l'art. 12 (Cod. comm.) ne laisse aucun doute à cet égard. Cette disposition déroge à la règle qu'on ne peut se faire de titre à soi-même et n'est en réalité que l'application de la théorie des preuves devant la juridiction consulaire où la preuve testimoniale, les présomptions sont admises dans tous les cas. L'article 12 (Cod. comm.) se justifie par la nature des relations qui existent entre commerçants et par la difficulté que l'activité et le mouvement des affaires mettent à ce que chaque négociant dresse un acte et le signe pour chacune de ses opérations.

La preuve complète n'est faite que par un registre régulièrement tenu, et cette régularité doit être non relative à la transaction objet du litige, mais absolue, complète à l'égard de toutes les opérations commerciales de celui qui le tient.

A ces deux premières conditions : production entre commerçants et régularité, l'art. 12 (Cod.

comm.) en ajoute une troisième : pour faits de commerce.

La nature du procès doit être telle que les tribunaux de commerce aient à le trancher. Ainsi, la vente d'un immeuble ne peut pas être prouvée par le seul registre d'un marchand, quoique ce dernier l'eût acheté d'un autre commerçant.

Cette dernière condition nous paraît démontrer que la pensée de la loi a été de faire cadrer la foi due aux livres de commerce avec la compétence de la juridiction consulaire. L'art. 12 Cod. comm.) s'appliquera quand le fait sera commercial relativement aux deux parties ; mais que décider si l'acte n'est commercial que par rapport à une seule partie et civil par rapport à l'autre? Ainsi, le livre d'un marchand de vin fera-t-il foi contre un banquier de la vente d'une certaine quantité de vin? Nous ne le pensons pas; ce que nous venons d'énoncer comme étant la pensée de la loi est inapplicable ici, et les raisons qui ont fait donner cette grande force probante aux registres de commerce entre commerçants n'existent plus, car le banquier ne pourra trouver dans ses livres un contrôle des inscriptions de ceux du marchand de vin ; cet achat est pour lui dépense de ménage qui ne figure pas détaillée sur ses livres (art. 8. Cod. comm.).

La production des livres de part et d'autre peut amener la constatation sur tous deux de la même convention, le doute n'est plus possible et la preuve est parfaite.

Si les livres des deux parties sont tenus très-régulièrement et que l'un mentionne la transaction sans que l'autre en parle, l'autorité de chacun d'eux sera détruite par celle de l'autre, rien ne sera prouvé, il faudra recourir à d'autres moyens.

Si une partie produit des registres réguliers et que l'autre n'en produise que d'irréguliers ou même aucun, la première obtiendra gain de cause à moins toutefois que les circonstances ou d'autres présomptions ne viennent détruire l'autorité de ces registres. C'est ainsi que s'explique l'art. 12 (Cod. comm.), il laisse au juge la faculté de former sa conviction de toute manière.

L'art. 17 porte qu'en cas de refus par une partie de représenter ses livres quand l'autre a déclaré y ajouter foi, le juge peut déférer le serment à l'autre partie.

II. — *Foi vis-à-vis des particuliers*. — D'après l'art. 1330 tout le monde, marchand ou non, peut se prévaloir des registres d'un commerçant contre ce commerçant ; et dans les cas où la preuve ne sera pas complète par la mention de ces registres; il y aura bien certainement un commencement de preuve par écrit ; il n'y a pas à rechercher si les registres sont tenus ou non régulièrement, car alors l'omission des devoirs imposés aux commerçants lui servirait de protection. La mention qu'on invoque en sa faveur ne peut être divisée de telle sorte que le créancier ne puisse tenir pour vrai ce qui est à son avantage et non ce qui est contraire à sa prétention. La déclaration du marchand est un aveu dont toutes les parties sont connexes et il faut lui appliquer l'art. 1356, 3e alin. « In *conjunctis capitulis, qui unum adprobat, aliud reprobare nequit.* »

Mais quelle est l'autorité des registres des marchands contre les personnes non commerçantes? Dans l'ancien droit, cette question a donné lieu aux solutions les plus diverses. La première, celle de Barthole, ajoute une foi complète aux livres des marchands vis-à-vis de toute personne. Boiceau ne voit dans ces registres qu'une demi-preuve; le marchand doit-il être encore bien posé et jouir d'une bonne réputation. D'autres appliquaient purement et simplement la règle : on ne peut se faire de titre à soi-même. Dumoulin considère ces livres comme formant une présomption qui permet de déférer le serment. La jurisprudence du Châtelet ne donnait aucune autorité à ces livres contre le « bourgeois non négociant » qui les niait et elle ne déférait le serment qu'au défendeur.

Le système du Code est exprimé dans l'article 1329. A l'égard des particuliers, les livres de commerce n'ont aucune foi, pas même pour prouver les fournitures qui leur ont été faites; cependant, dans ce dernier cas, mais dans celui-là seulement, le juge pourra déférer le serment.

C'est du serment supplétoire qu'il s'agit, car le serment décisoire est de droit.

L'admissibilité de ce serment que le juge reste maître de déférer ou non a soulevé une vive controverse; les registres des marchands ne forment-ils pas en leur faveur un commencement de preuve par écrit qui leur permette de prouver leurs fournitures par témoins et par présomptions?

Il faut, dit l'affirmative, que les livres de commerce aient en leur faveur la vraisemblance et la présomption de bonne foi pour qu'ils puissent être confirmés par le serment supplétoire et la preuve testimoniale ; le témoignage de personnes étrangères à l'acte, la contre-enquête que fera le défendeur offrent beaucoup plus de garantie que le témoignage sans contrôle du demandeur dans sa propre cause. La loi n'admet le serment supplétoire que quand la preuve testimoniale est recevable; c'est donc par *a fortiori* qu'il faut décider que ses livres forment pour le commerçant commencement de preuve par écrit. De plus, le serment d'office ne peut se déférer que lorsque la demande ou l'exception ne sont pas complétement dénuées de preuve, et si le registre constitue un commencement de preuve, ce ne peut être qu'une preuve écrite.

Ces raisons sont plus spécieuses que bien fondées. L'art. 1330 introduit une exception en faveur des livres de commerce et, comme telle, elle doit être renfermée strictement dans ses termes. L'extension que réclame l'affirmative contredit directement l'art. 1347. Le législateur voit dans les livres de commerce une certaine vraisemblance, une présomption, mais jamais il ne leur reconnaît le caractère de commencement de preuve par écrit, cette reconnaissance ne peut s'induire d'une dérogation spéciale, car la première condition imposée par l'art. 1347, que l'écrit émane de celui à qui on l'oppose, est générale, et ce n'est qu'en présence de termes formels qu'on peut être reçu à ne pas l'exiger. Si on nous oppose l'ancien droit, il suffit de répondre que sous cette législation on n'avait pas défini le commencement de preuve par écrit. Aussi restons-nous convaincu que le livre de commerce n'est pas suffisant pour faire admettre la preuve testimoniale quand la loi exige un commencement de preuve par écrit.

Quand les marchands font signer leurs clients sur leurs livres après règlement de compte ou relevé de fournitures, il y a une promesse de payer qui est soumise aux formalités de l'art. 1326.

Le serment dont parle l'art. 1330 peut être déféré au demandeur ou au défendeur; la loi ne distingue pas.

SECTION II.

Des registres et papiers domestiques.

Art. 1331. « Les registres et papiers domes-
» tiques ne font point un titre pour celui qui les
» a écrits. Ils font foi contre lui, 1° dans tous les
» cas où ils énoncent formellement un payement

» reçu ; 2° lorsqu'ils contiennent la mention ex-
» presse que la note a été faite pour suppléer le
» défaut du titre en faveur de celui au profit du-
» quel ils énoncent une obligation. »

A la différence des livres de marchands, les registres domestiques ne peuvent jamais faire preuve en faveur de celui qui les tient, et ils ne prouvent contre lui que dans deux cas limitativement déterminés ; le premier quand ils énoncent formellement un payement reçu, se trouve admis par Boiceau et le second, emprunté à Pothier, quand la mention est faite pour donner un titre au créancier. Hors de ces cas, les registres et papiers domestiques peuvent tout au plus servir de commencement de preuve par écrit contre celui qui les tient.

Le Code n'a pas reproduit le second cas tel que l'expliquait Pothier (*Oblig.*, 758) ; suivant cet auteur, la reconnaissance d'une dette écrite par le débiteur sur son registre faisait foi contre lui, que l'auteur de l'écriture ait ajouté qu'il la faisait pour servir de titre au créancier ou bien qu'il ait remplacé cette indication par sa signature. Cette opinion est raisonnable, mais elle n'a pas été consacrée par l'art. 1331.

Les inscriptions dont nous parlons n'auront l'autorité que leur accorde l'art. 1331 qu'autant qu'elles seront écrites de la main de celui à qui on les oppose.

Que décider si les mentions de l'art. 1331 ont été biffées, rayées? Si l'inscription constatant la libération a été biffée, la preuve n'en existe pas moins, car si la libération a existé une fois, elle existe pour toujours ; si, au contraire, le débiteur a rayé l'inscription qu'il avait faite pour servir de titre au créancier, l'autorité de cette mention est détruite, il est naturel de croire que l'obligation a été éteinte et que le débiteur se sera hâté d'effacer ce qui constituait un titre contre lui.

Le juge pourra-t-il ordonner la production en justice des registres domestiques? Quoique la négative soit contestée nous l'admettons cependant. On nous oppose l'inutilité de l'art. 1331 dans notre système, car jamais on ira produire ses registres quand de là dépend la perte du procès. Mais il y a des exemples de production volontaire, et quand les registres seront communs aux deux parties, par exemple, un registre de la succession est commun aux héritiers et aux légataires, la représentation pourra en être ordonnée ; il faut s'en rapporter dans cette question à ce principe que nul ne peut être régulièrement contraint de produire contre soi des titres qu'il a en sa possession (Orléans, 26 juillet 1849).

La loi parle des registres et *papiers* domestiques et les range sur la même ligne. Le registre aura cependant en général plus d'importance que la feuille volante, mais en toutes ces choses, qui sont la source d'un monde de difficultés de fait en pratique, il faudra se guider par les circonstances de la cause, les mœurs et les habitudes de la personne auteur de l'écriture; nous ne devons pas oublier non plus que le juge conserve sa faculté d'appréciation.

Dans les cas où les registres domestiques font preuve, le défendeur est toujours admis à faire la preuve contraire ; la prohibition de l'art. 1341 qui défend de prouver contre le contenu des actes ne s'applique qu'aux actes proprement dits et les papiers domestiques ne peuvent être rangés au nombre des actes dressés avec le concours ou sur la réquisition des parties. Ils ne sont que de simples aveux rétractables pour erreur de fait (art. 1356, 4e alin.).

SECTION III.

De l'écriture mise par le créancier sur le titre.

Art. 1332. « L'écriture mise par le créancier » à la suite, en marge ou au dos d'un titre qui est » toujours resté en sa possession, fait foi, quoique non signée ni datée par lui, lorsqu'elle tend » à établir la libération du débiteur.

» Il en est de même de l'écriture mise par le » créancier au dos, ou en marge, ou à la suite du » double d'un titre ou d'une quittance, pourvu » que ce double soit entre les mains du débi» teur. »

Dans ces deux alinéas la loi s'occupe successivement d'un titre qui doit rester entre les mains du créancier et du titre qui par sa nature doit être remis au débiteur, et elle examine la force probante de l'écriture du créancier sur chacun de ces titres. Ces mentions, ni datées ni signées, n'ont de valeur aux yeux de la loi qu'autant qu'elles tendent à établir la libération du débiteur.

Reprenons séparément chaque alinéa de l'article 1332.

I. —Quiconque lit le 1er alinéa de notre article voit que la foi due à l'écriture mise au dos, en marge ou à la suite d'un titre ne fait preuve qu'autant que ces trois conditions sont réunies : 1° que l'écriture émane du créancier; 2° que le titre soit toujours resté en la possession du créancier, et 3° enfin que l'écriture tende à établir la libération du débiteur. Tous les auteurs reconnaissent la nécessité de cette troisième condition; mais ils sont loin d'être d'accord sur le concours des deux premières. On a voulu reproduire la doctrine de Pothier qui distingue deux cas : ou le titre est et n'a jamais cessé d'être en la possession du créancier, l'écriture mise sur ce titre fait preuve, qu'elle soit de la main du créancier, de celle d'un tiers ou du débiteur lui-même; ou bien l'acte est en la possession du débiteur, la mention libératoire ne fait preuve que si elle est l'œuvre du créancier (Poth. *Obl.*, n°s 760-761). Cette doctrine est en contradiction flagrante avec la lettre du Code et même avec son esprit, puisque le projet primitif de l'article consacrait l'opinion de Pothier, et c'est sur les observations du tribunal d'appel de Bordeaux qu'ont été ajoutés à la rédaction ces mots : « *mise par le créancier.* » M. Bonnier qui avait soutenu cette opinion dans sa première édition (n° 610) la rejette énergiquement dans la seconde (*Traité des preuves*, n° 749).

Marcadé émet un autre avis, il accepte toute la portée des mots « écriture mise par le créancier », mais il conteste la nécesité que ce titre soit toujours resté entre les mains du créancier. Il raisonne ainsi : la mention libératoire mise sur le titre de créance a une plus grande importance que cette mention inscrite sur un registre domestique ; le créancier ne la mettra qu'à bon escient : et à quoi bon demander que cet acte soit toujours demeuré en sa possession? De plus la remise du titre entre les mains du débiteur prouve (art. 1282 et 1283) la libération ; il n'est pas raisonnable alors de supposer que ce titre portant une mention libératoire, prouve moins que si l'écriture du créancier n'y était pas! « On aurait : A égale X ; B égale aussi X ; puis A et B réunis sont plus petits que X! » (Marcadé, art. 1332, n° II). De la lettre du Code, il n'y faut pas s'arrêter pour cette raison que : « les vices de rédaction sont assez abondants dans le Code pour qu'un de plus ou de moins ne soit pas une affaire. » (Marcadé, *loc. cit.*)

Nous doutons que cette manière de réfuter un texte gênant soit plausible, et nous nous en tenons aux prescriptions exactes de l'art. 1332, c'est-à-dire à la nécessité du concours des trois circonstances.

L'argumentation de Marcadé est très-forte et le législateur aurait pu consacrer son système;

mais il ne l'a pas fait et avait sans doute pour motifs que le créancier confiera le titre à un tiers pour que ce dernier en opère le recouvrement, et la mention donnée dans ces circonstances ne jouit plus de son autorité. Quant à l'argument que Marcadé tire de l'art. 1282, on lui répond par cet axiome : *utile per inutile non vitiatur*, et si la remise est telle qu'elle entraîne la preuve de la libération, la mention n'a plus aucun effet. Une autre raison pour s'en tenir à la lettre de la loi est que l'art. 1332 est une dérogation spéciale aux règles du droit commun de la preuve, les dispositions de ce genre s'interprètent strictement et n'admettent pas l'extension par *a fortiori*.

Il est inutile d'ajouter que la mention libératrice écrite par le créancier pourra servir de commencement de preuve par écrit afin d'établir par témoignages ou présomptions la libération du débiteur (art. 1347).

II. — Le second alinéa de l'art. 1332 traite de la mention libératoire sur les actes qui, par leur nature, doivent se trouver chez le débiteur : ce sont les quittances et les doubles d'actes sous seing privé constatant des conventions synallagmatiques.

La rédaction de ce paragraphe est amphibologique et obcure; si on l'interprétait à la lettre, il ne s'appliquerait qu'aux quittances faites en double, fait qui ne se produit jamais ; il dénierait toute autorité à la mention libératoire sur un double, si ce double se trouvait entre les mains du créancier, et à la mention de la quittance si cette quittance se trouvait entre les mains du créancier.

Zachariæ, pour expliquer cette disposition, dit, il y a trois hypothèses à considérer : le double est entre les mains d'un tiers, la loi ne s'en occupe pas et la mention obligatoire servira de commencement de preuve par écrit conformément à l'art. 1347 ; le double est entre les mains du créancier, ce cas est régi par le premier alinéa de notre article ; enfin le double est entre les mains du débiteur et c'est ce que prévoit le second alinéa de l'art. 1332.

Mais si c'est le double appartenant au débiteur qui se trouve avec la mention libératoire chez le créancier, la loi suppose que le créancier a retenu le titre, parce que le débiteur n'a pas réalisé l'acte de libération en vue duquel l'acte avait été remis.

En expliquant ainsi cet article il n'existe aucune contradiction entre ses deux alinéas.

Quelle est l'autorité de la mention libératoire biffée, effacée? Pour que cette question se pose il faut que malgré les ratures l'inscription soit lisible. Nous devons distinguer entre les deux hypothèses que prévoit la loi. Dans celle du premier alinéa la preuve de la libération subsiste toujours, ce fait une fois produit ne peut n'avoir pas existé. Dans le cas du second alinéa, la rature détruit la force probante de la mention, il est naturel de supposer que le créancier auquel le titre aurait été rémis a écrit l'acquit en prévision d'un payement et qu'il a rendu au débiteur, qui ne s'est pas libéré, son double en ayant soin d'effacer la mention libératoire.

Les écritures de l'art. 1332 ne sont pas un acte proprement dit, elles échappent à la prohibition de l'art 1341, et demeurent un simple aveu rétractable pour erreur de fait (art. 1356, 3e alin.).

Quant aux écritures non signées mises au dos, en marge ou à la suite d'un titre et qui constatent un supplément d'obligation, elles ne sont pas prévues par la loi ; les juges auront à les apprécier et y feront plus ou moins d'attention suivant que ces écritures paraîtront faire corps avec l'acte ou en être indépendantes, qu'elles émaneront de la main de l'obligé ou d'une autre personne : les principes généraux du droit en matière de preuve doivent leur servir de guide.

POSITIONS.

DROIT ROMAIN.

I. — Le contrat *litteris* se formait par la mention sur le registre du créancier ; la présence d'un titre accessoire n'était pas nécessaire.

II. — Le *Codex accepti et expensi* ressemblait à notre livre de caisse actuel et non à notre livre de comptes courants.

III. — Le contrat littéral par *expensilatio* opérait délégation et non novation.

IV. — La solidarité ne naissait pas par contrat *litteris*.

V. — L'expression *chirographum* ne désignait pas une espèce particulière de titres.

VI. — Il n'y a jamais eu dans le droit civil de Rome de contrat littéral par *chirographa* ou *syngraphæ*.

VII. — Il n'y a pas sous Justinien d'écrits constitutifs d'obligation.

DROIT FRANÇAIS.

I. — Les expressions tiers, de l'art. 1328 et ayant cause, de l'art. 1322, loin d'être inconciliables, s'expliquent l'une par l'autre.

II. — L'acte sous seing privé n'acquiert pas date certaine en dehors des trois cas prévus par l'art. 1328.

III. — Le bail sous seing privé ne doit pas avoir acquis date certaine par un des modes de l'art. 1328 pour être opposable à l'administration expropriant pour cause d'utilité publique.

IV. — L'acte sous seing privé souscrit par un failli fait foi de sa dette vis-à-vis de la masse de ses créanciers.

V. — Le défaut de rédaction des doubles ne peut être couvert par la notification d'une acceptation.

VI. — L'inobservation des formalités de l'art. 1325 n'empêche pas l'acte de faire commencement de preuve par écrit.

VII. — Les exceptions de l'art. 1326 sont personnelles et incommunicables.

VIII. — L'acte authentique nul suivant l'art. 1318 n'a pas besoin de remplir les formalités des art. 1325 et 1326 pour valoir comme écriture privée.

IX. — L'art. 1332 n'est pas en contradition avec lui-même, et s'explique sans qu'il soit nécessaire de modifier son texte.

X. — Les trois conditions du 1re al. de l'art. 1322 doivent concourir pour que l'écriture non signée fasse preuve.

PROCÉDURE CIVILE.

I. — Les tribunaux français ont mission pour reviser au fond les jugements rendus à l'étranger, lorsqu'ils donnent à ces jugements force exécutoire en France.

DROIT CRIMINEL.

I. — L'accusé acquitté en cour d'assises ne peut plus être poursuivi en police correctionnelle à raison du même fait autrement qualifié.

II. — Les lettres missives saisies à la poste par ordre du préfet de police ne peuvent pas légalement servir de base à la preuve du délit imputé à un prévenu.

III. — Il y a injure à dire à un individu condamné pour vol qu'il est un voleur.

DROIT COMMERCIAL.

I. — Les livres des marchands constituent en leur faveur, contre les personnes non commerçantes, un commencement de preuve qui rend admissible le serment supplétoire mais non la preuve testimoniale.

DROIT INTERNATIONAL ET DES GENS.

I. — Le fait par une armée assiégeante de diriger ses bouches à feu contre les maisons, eglises et autres édifices non militaires d'une place forte est une violation du droit international.

II. — Le testament fait en France par un étranger qui, majeur de 21 ans, n'a pas encore selon la loi de son pays l'âge requis pour tester, sera nul à l'égard de ses biens situés à l'étranger et aussi à l'égard de ceux situés en France.

III. — Le navire *libre* rend libre la marchandise qu'il porte quel qu'en soit le propriétaire.

IV. — Un Français extradé par un gouvernement étranger n'est pas recevable à se prévaloir devant l'autorité judiciaire des vices dont l'acte d'extradition peut se trouver entaché, afin d'en faire prononcer la nullité.

DROIT ADMINISTRATIF.

I. — Le particulier qui se prétend diffamé par les termes d'une délibération d'un conseil municipal peut porter sa réclamation devant l'autorité judiciaire.

II. — L'article 6 de la loi du 27 juillet 1849, aux termes duquel tout colporteur ou distributeur de livres ou écrits doit être pourvu d'une autorisation du préfet, atteint la distribution de simples bulletins électoraux.

HISTOIRE DU DROIT.

I. — L'ouvrage intitulé : *Établissements de Saint-Louis*, est un simple coutumier rédigé par un praticien d'Orléans.

Vu par le président de la thèse,
P. Gide.

Vu par le doyen de la Faculté;
G. Colmet-d'Aage.

Vu et permis d'imprimer,
Le Vice-Recteur de l'Académie de Paris,
A. Mourier.

Paris. — Imprimerie de E. DONNAUD, rue Cassette, 9.

www.ingramcontent.com/pod-product-compliance
Ingram Content Group UK Ltd.
Pitfield, Milton Keynes, MK11 3LW, UK
UKHW022021170726
13837UKWH00001B/317

9 782329 163994